Comida *amiga*

Mª JOSÉ
ROSSELLÓ

Comida amiga

de mujer a mujer

PLAZA JANÉS

Diseño de portada
OZONO

Fotografía de portada
Anna Loscher

Diseño de interiores
OZONO

Maquetación portada e interiores
GRAPHIC KEY S.L.

Fotografías de interiores
PhotoDisc, PhotoAlto, Graphic Key

Primera edición: noviembre, 1999

© **1999, María José Rosselló**

© **de la presente edición**
1999, Plaza & Janés Editores, S.A.
Travessera de Gràcia, 47-49
08021 Barcelona.

Printed in Spain - Impreso en España.

ISBN: 84-01-37650-5

Depósito Legal: B.43.480-1999

Impreso en CAYFO S.A.
Sta. Perpètua de la Mogoda (Barcelona)

L 3 7 6 5 0 5

A vosotras, mis queridas amigas.

M.ª José Rosselló Borredá

María José Rosselló Borredá nació en Barcelona. Ingeniera química por el Instituto Químico de Sarriá. Ingeniera del medio ambiente, ecología y gestión ambiental. Especialista en dietética, con un extenso historial de especialidades en los más variados campos de la nutrición humana. Directora del Curso de posgrado de nutrición y dietética en la Universidad Autónoma de Barcelona. Profesora de nutrición y dietética en la Escuela de Enfermería Gimbernat de la UAB. Miembro de la Sociedad Española de Nutrición, de la Asociación Catalana de Ciencias de la Alimentación y de la Sociedad Española de dietética. Ha realizado divulgación de la dietética en prensa, radio y televisión. Interviene como especialista de nutrición en el programa *El Suplement* de Catalunya Rádio, en la serie *Saber Vivir* de TVE y en el diario *El País* en su suplemento dominical. El año pasado publicó, también en Plaza & Janés, el libro *Comida Sana* junto con Manuel Torreiglesias, que obtuvo un enorme éxito.

índice general

en manos de la mujer

Dios les hable dentro de su corazon, como dixo otro Pro-
feta. (4)

3	Por esso dice el ingenioso Picinelo, que como la flor
en ninguna parte está mejor, que en el surco, ò tierra donde nace, porque alli crece, y no solo conserva, sino que aumenta su hermosura: assi el alma Religiosa, no hallará lugar tan à proposito, para conservar la devocion, y aumentar la belleza de su espiritu, que el retiro, y encierro de
su celda. (5) Que bien lo dixo el devotissimo Thomàs de Ken-
pis: trabajoso es siempre el salir de la celda; pero el perma-
necer en ella, es una quietud devotissima de vida. (6) No lo
dixo mal el Doctor Serafico, porque rara vez sucede, que
vna Religiosa, que guarda su celda, y en ella muere, baxe
al Infierno; pues solo à las que el Señor conoce
para el Cielo, hace esta gracia, para que vivan retiradas en su celda. (7)

4	El dicho solo de este Santo bastaba, para que
con cuidado guardàra yo el recogimiento en la celda,
y en mis tareas. Pero oye, que con su exemplo te persuade este
retiro Religioso la Maestra de todas las virtudes, y la mas
Religiosa Virgen. De esta Divina Madre habló Isaias, quan-
do dixo: Una Virgen todas las, para que vivan jo. Y nota
San Geronymo, que en la lengua Hebrèa, lo mismo es decir
Virgen, que si dixera Alma; y esta voz Alma, significa, no
todas las Virgines, sino à las Virgines retiradas, y escondi-
das, que guardan su clausura, y en el moran. Assi lo haci-
a la Virgen Madre, Reyna: Imitenla las Virgines Religiosas, que a esta y Maestra desean vene-
rarla. (8) Si deseas punto, lee los libros
que de tu estado Religioso aprenderás mucho
y muy bueno. (9)

Sabemos desde que llegamos al mundo que la comida es algo bueno, imprescindible y básico para asegurar la vida, y así debe ser. Una buena compañera de viaje que permita desarrollarnos plenamente, conservar la salud y la vitalidad, mantener un óptimo rendimiento intelectual e incluso prevenir, superar o aliviar diversas enfermedades.

Para que nuestra comida diaria sea siempre una excelente amiga y colaboradora es necesario conocer las claves y secretos de una buena alimentación y esto pertenece al patrimonio de la humanidad.

¿A QUIÉN SE LE OCURRIÓ QUE DE UNA ACEITUNA SE PODRÍA OBTENER ACEITE?

Todos los pueblos y todas las culturas fueron desarrollando, generación tras generación y siglo tras siglo, diferentes sistemas de comer que aseguraban la supervivencia. Así surgieron las más diversas tradiciones culinarias y alimenticias, desde la importante alimentación egipcia, pasando por la sofisticada y antiquísima cocina china a la tan valorada dieta de los pueblos mediterráneos y sin olvidar cualquier pueblo capaz de sobrevivir en climas tan hostiles, como los helados polos o las selvas tropicales o la más pequeña y recóndita isla.

Porque sólo los humanos cocinamos nuestra comida, la gastronomía de cada pueblo forma parte básica y primordial de su cultura, incluso de su arte. Detrás de todo esto hay mucha sabiduría, mucho ingenio e inventiva, muchísima imaginación.

Cuántas mentes brillantes hay detrás de tantos alimentos que actualmente forman parte de nuestra dieta habitual. ¿A quién se le ocurrió que de una aceituna se podía obtener aceite?... y a partir de este aceite desarrollar la cocina de la fritura. ¿De quién fue la mente

sabia que imaginó el método de conservar el pescado salándolo y secándolo? ¿En qué sabiduría se basó la matanza del cerdo y todos los sistemas de conservación de sus productos? Así podríamos nombrar mil métodos tradicionales de elaboración, preparación y conservación de alimentos.

Todos estos descubrimientos e invenciones se merecerían las más altas distinciones científicas. Justo es que pensemos en ello, que agradezcamos tanto saber, tanto desvelo, tanto trabajo que ha permitido la vida y nuestra propia existencia, que lo valoremos como una de nuestras mejores herencias, y que reflexionemos de dónde venimos, dónde estamos y qué futuro ofreceremos a las próximas generaciones.

AFIRMAR QUE LA MUJER HA SIDO LA POSEEDORA DE LAS CLAVES Y SECRETOS DE UNA BUENA ALIMENTACIÓN, ES UNA REALIDAD CONSTATADA MUNDIALMENTE

Hasta hace pocos años, las pautas alimenticias de nuestra sociedad se basaban en la retransmisión de unas tradiciones dietéticas y culinarias, el plan anual de alimentación no se diferenciaba en nada de una generación a otra, se basaba en los productos del entorno, y de la temporada, utilizando una sabia combinación de alimentos que con una experiencia de siglos se habían confirmado como una correcta forma de cubrir las necesidades de nutrientes de la población.

Se sabía que no era posible prescindir de determinados alimentos sin que ello tuviese una repercusión directa en la salud, de aquí el empeño, normalmente femenino, de conseguir que todos los miembros de la familia consumieran y aceptaran la comida diaria.

Afirmar que la mujer ha sido la poseedora de las claves y secretos de una buena alimentación es una realidad constatada mundialmente. Porque en todas las culturas la mujer ha sido la conocedora, la encargada y la retransmisora de la importancia de la alimentación.

Todas las mujeres del mundo han tenido claro, durante siglos, la importancia que tiene la alimentación y se han preocupado por asegurarla a todos su seres próximos, tal vez porque forma parte de la propia naturaleza femenina el alimentar a los hijos.

Lo cierto es que en todas las sociedades el cuidado de la comida ha estado en manos de las mujeres y la retransmisión de todos estos conocimientos culturales, del valor y propiedades de los alimentos, de los métodos para aprovechar los recursos caseros, se hacía de madres a hijas y así no se perdían los métodos que aseguraban una correcta alimentación, convirtiéndose todos estos saberes en un patrimonio vital femenino.

Con los importantes cambios que en pocos años se han producido en nuestra sociedad, con la industrialización, los sistemas de transporte y de conservación de los alimentos, con el nuevo ritmo y modo de vida, se ha producido una ruptura de la enseñanza y las tradiciones alimenticias. Esto ha conducido al estado de desorientación actual en esta materia, a una falta de pautas en las que basar la organización y la comida diaria.

En este libro se desean plantear los puntos básicos y los conocimientos actuales sobre los que se puede basar un reto importante en nuestros días: alcanzar una dieta equilibrada. De una manera especial está dedicado a la mujer, porque tiene el derecho y la necesidad de seguir siendo la conocedora profunda y dominar plenamente esta faceta tan importante en la vida.

La mujer vive en su propio organismo la potencia de la naturaleza y se plantea muchas veces si su alimentación es correcta, especialmente en los momentos de transición, adolescencia, menopausia y sobre todo durante sus embarazos y lactancias.

El deseo de hacerlo bien se convierte en una preocupación importante y debe recibir información suficiente, real, científica y práctica que le permita controlar su salud. Para vivir con equilibrio los cambios que la naturaleza ejerce en su organismo, la comida debe y puede ser una amiga que le permita un desarrollo armonioso, una gran vitalidad y la conservación de su plenitud y belleza.

¡Ojalá este libro pueda colaborar a que la mujer se valore más y descubra día a día todas sus potencias. Aceptar y mirar como altamente positiva la feminidad es el primer paso para que toda mujer viva con dignidad, pueda acceder a todas las metas que se proponga y ello repercutirá de una manera altamente positiva para que toda la sociedad llegue a mayores niveles de madurez, equilibrio y bienestar.

Las capacidades de la mujer son enormes y las ha demostrado a lo largo de la historia. Es una constante en todos los pueblos y culturas que en sus manos ha estado y está la casa, el cuidado de niños y mayores, y también la tierra.

Basta mirar un huerto cuidado con la dedicación y el mimo femenino, para descubrir un sinfín de características positivas, huertos impecables, cavados, plantados, controlados por manos femeninas han sido y son el sustento básico de muchos millones de seres en este planeta... y en estos trabajados trozos de tierra siempre encontraremos flores. Porque la mujer siempre tiene tiempo para la belleza y necesidad de rodearse de pequeños y hermosos detalles.

BASTA MIRAR UN HUERTO CUIDADO CON LA DEDICACIÓN Y EL MIMO FEMENINO, PARA DESCUBRIR UN SINFÍN DE CARACTERÍSTICAS POSITIVAS

Su sensibilidad es una de sus grandes cualidades, que le transforma en una gran observadora que capta las necesidades, los cambios y los problemas de su entorno. Se habla de la famosa intuición femenina, gracias a la cual muchos hijos han sobrevivido y muchos problemas se han evitado. Todo esto se debe ver como características importantes de la inteligencia, y la mujer debe y puede avanzar en todos los campos de la sociedad sin renunciar a su feminidad altamente positiva.

Otro de los objetivos de este libro es contribuir a valorar y recoger el legado de la sabiduría popular y ofrecerlo bajo la luz del conocimiento científico actual.

Desde hace más de un siglo, la ciencia con todas sus ramas y especializaciones tiende a parcelar los campos del estudio, incluso al ser humano se le considera y analiza como un conjunto parcelado de órganos, sistemas, tejidos, funciones y facultades. Las especializaciones, si bien son útiles y hasta necesarias para profundizar en el conocimiento, pueden hacernos olvidar la UNIDAD del ser humano.

El estudio de la nutrición puede ayudarnos a encontrar la realidad de esta unidad. Las sustancias nutritivas que aportan los alimentos son necesarias para todas las células del cuerpo y el buen estado nutritivo repercute en un bienestar psíquico.

En la actualidad se está despertando una mentalidad ecológica en gran parte de la población, se tienen muestras visibles y científicas de la importancia y gravedad que supone romper y no respetar los equilibrios naturales. Junto a esto se da la paradoja de la falta de planteamiento individual sobre la importancia de su dieta como una de las bases imprescindibles de salud y bienestar.

Para aprender del pasado debemos recordar la definición de la palabra de origen griego "dieta", tiene el bello y profundo significado de: "tener una planificación para mantener la armonía de un sistema".

Porque hay que afirmar rotundamente que comer bien no es simplemente comer cualquier cosa para saciar el hambre. Las nuevas generaciones rechazan abiertamente imprescindibles grupos de alimentos: verduras, frutas, pescado... sin pensar que ello pueda acarrearles graves consecuencias.

Se hace cada vez más urgente la educación de toda la población en un tema tan básico y vital como es el de "su nutrición".

Si se practicara una dieta equilibrada y adecuada a la naturaleza de cada ser humano, a la época de la vida y a la actividad que se desarrolla, se estarían implantando y manteniendo las mejores bases para una "salud total". Salud que permite enfrentarse a las más diversas condiciones de vida con unas grandes ventajas y unas amplias posibilidades de superar dificultades.

Aprovechemos la sabia experiencia del pasado.

Si el método científico se basa en repetir experimentos para valorar una realidad y de ella deducir leyes, no sería lógico ni científico despreciar los siglos de observación y de constatación de resultados en materia de alimentación.

Tenemos además los modernos estudios epidemiológicos y estadísticos en los más diversos países y las consecuencias que los distintos tipos de nutrición tienen sobre la salud y que alertan y orientan sobre hábitos peligrosos o beneficiosos.

Cuando un padre avisa a un hijo de que hay una piedra en el camino es porque él ha pasado antes, y aunque tristemente sabe que en general el hijo sólo dirá "¡ya me lo decía mi padre que aquí había una piedra!" cuando se tropiece con ella, hay que mantener la esperanza y la confianza en la inteligencia y lógica humana.

Por aquello que dice nuestra sabiduría popular: ¡con las cosas de comer no se juega!, podemos creer en la capacidad e interés de rectificar los errores que en los últimos años se cometen en materia de alimentación.

COMER BIEN NO ES SIMPLEMENTE COMER CUALQUIER COSA PARA SACIAR EL HAMBRE

¿por qué necesitamos?

Para el ser humano el acto de alimentarse es algo más que nutrirse. La primera experiencia con el mundo de la alimentación ya condiciona y define la complejidad de aspectos y sensaciones que tendrá a lo largo de la vida el hecho de comer.

Para todo recién nacido, la sensación que le causa el alimento con la de la proximidad de la madre o persona que lo cuida y la de placer y la de bienestar se funden en una sola. Por ello no es posible desligar la comida de las impresiones placenteras.

Podemos afirmar que sin placer no hay salud.

Si además contemplamos la comida como un gran acto social (compartir manjares y compañía resulta natural y altamente saludable en todas las culturas), comprenderemos que es bueno rodear las horas de comer de un ambiente relajante, afectuoso y gratificante, que permita obtener de la alimentación todos los beneficios posibles.

Es alarmante conocer los datos estadísticos de falta de hierro, calcio o ácido fólico de nuestras sociedades civilizadas

Teniendo en cuenta toda la complejidad del ser humano, es imprescindible saber comer correctamente, conociendo los ingredientes o nutrientes que deben estar presentes en la alimentación diaria para asegurar un óptimo desarrollo y regeneración constante.

El organismo debe contener unas dosis adecuadas de diversas sustancias, como por ejemplo minerales, que determinan de un modo muy preciso el buen estado de salud personal.

Es alarmante conocer los datos estadísticos de falta de hierro, calcio o ácido fólico de nuestras sociedades civilizadas.

Pero estos resultados no parecen extraños cuando se estudian las fuentes alimenticias de estos nutrientes y a la vez se sabe de los malos hábitos alimenticios en que estamos cayendo, que conducen irremediablemente a estos estados de carencia.

La esperanza de vida es cada vez mayor. Especialmente las mujeres tienen, en la actualidad y en las sociedades desarrolladas, la posibilidad de llegar a edades más avanzadas.

El gran reto ahora es darle calidad a esos años. No se puede vivir con plenitud si el organismo se ha ido deteriorando, desnutriendo y perdiendo vitalidad.

Si toda la medicina y tecnología moderna, rindiendo sus servicios a la población, ha conseguido alargar la vida, también es necesario poner al alcance de las personas los conocimientos suficientes que les permita colaborar activamente en el logro de un excelente estado de salud.

El potencial que existe en todo ser humano, si tiene una buena formación, es una fuente inagotable de recursos y hay que valorarlo como una de las mejores bases de la medicina preventiva.

La población femenina consume habitualmente dietas bajas en algunos nutrientes esenciales.

Para poder programar una alimentación correcta o solucionar la falta de determinadas sustancias básicas debemos conocer los alimentos que las aportan. Éste es el objetivo principal de esta parte del libro.

las proteínas

Entre todos los nutrientes, destacan las proteínas, por su importancia y sus funciones.

Forman parte de la estructura de todos los tejidos y tienen actividades fundamentales en todo el organismo, desde el funcionamiento del cerebro hasta la formación de las defensas.

El mal suministro de proteínas en la alimentación diaria es una de las causas más importantes de enfermedad, de envejecimiento y de deterioro del organismo.

Las piezas fundamentales que forman las proteínas son los aminoácidos, los cuales, como si de un gran rompecabezas se tratara, van juntándose para constituir las grandes y variadísimas moléculas de proteínas.

Los aminoácidos son compuestos de carbono, hidrógeno, oxígeno y nitrógeno, y algunos contienen azufre y otros minerales u oligoelementos. No se pueden fabricar proteínas a base de hidratos de carbono o de grasas, debido a que estas sustancias no están formadas, fundamentalmente, más que por carbono, hidrógeno y oxígeno, por ello se debe aportar la cantidad necesaria de proteínas a través de la alimentación.

Las proteínas que se ingieren con los alimentos se rompen, mediante el proceso digestivo, en aminoácidos. Sólo así pasan a la sangre y a través de ella llegan a todas las células, en las que existen unos compartimentos (ribosomas) especializados en la formación de cadenas de aminoácidos. Estas cadenas tienen una secuencia que ya viene determinada genéticamente, de manera que cada tejido fabrica sus proteínas especiales. Así cada individuo forma sus propias proteínas a través de los aminoácidos provenientes de la alimentación.

Estas piezas fundamentales de la vida, "los aminoácidos", son todos importantes y tienen cada uno de ellos sus funciones espe-

El mal suministro de proteínas en la alimentación diaria es una de las causas más importantes de enfermedad

cíficas. Por ejemplo "la glutamina", formada a partir del "ácido glutámico", es uno de los aminoácidos más importantes en el plasma y en el músculo esquelético y el que se encuentra en mayor proporción en el cerebro (la proporción de ácido glutámico en el cerebro es de 100 a 150 miligramos por gramo de tejido cerebral, y es el precursor de neurotransmisores).

El ácido glutámico tiene una acción desintoxicante del hígado, interviene en la función renal, y es una sustancia que actúa en la bioquímica cerebral: pudiendo producir azúcar en el cerebro en caso de necesidad y actuando en los procesos intelectivos, tanto de la atención como de la memoria.

Es interesantísimo destacar la elevada concentración de ácido glutámico en algún alimento: las levaduras con 5 gramos por 100 gramos y la leche y el polen con 2,5 gramos de ácido glutámico por cada 100 gramos.

Teniendo en cuenta la elevada renovación de proteínas en los órganos y tejidos (el hígado y la mucosa intestinal, por ejemplo, se modifican y regeneran en el período de pocos días), podemos valorar la importancia que tiene el suministro diario de aminoácidos mediante los alimentos.

Si no se suministran las proteínas adecuadas en la dieta dia-

ria, a corto plazo se consumen las propias, produciendo deterioro y daños al organismo.

Teniendo en cuenta que no hay ningún depósito de reserva de proteínas, se comprende la necesidad de un buen aporte proteico, que debe fraccionarse en las diferentes comidas diarias. Si se come un exceso de proteínas, éstas se transforman en grasa y el nitrógeno sobrante se debe eliminar a través del riñón en forma de urea y ácido úrico.

Las recomendaciones internacionales de aporte de proteínas es de conseguir un mínimo de 0,7 gramos de proteína por kilo de peso corporal. A pesar de la gran dificultad que existe en el mundo, por parte de una gran mayoría de su población, de cubrir esta necesidad en las sociedades desarrolladas, podemos valorar como una dieta correcta aquella que contenga 1 gramo de proteína por kilo de peso corporal, es decir, una persona de 60 kilos debería consumir 60 gramos de proteínas.

CONTENIDO EN **proteínas**

CONTENIDO
DE PROTEÍNAS
EN GRAMOS POR
CADA 100 GRAMOS
DE ALIMENTO

ALIMENTOS

Levadura seca de cerveza	35 a 40
Soja	35 a 40
Germen de trigo	28
Lentejas secas	24
Garbanzos secos	22
Judías secas	21
Habas secas	23
Guisantes secos	23
Guisantes frescos	7
Buey (solomillo)	20
Caballo	21
Cerdo (lomo)	19
Codorniz y perdiz	24
Conejo	22
Cordero (pierna)	18
Pato	19
Pollo (deshuesado)	20
Ternera (bistec)	19
Jamón curado	21
Pies de cerdo	16
Hígado	19 a 22
Huevo	13
Bacalao fresco	17
Bacalao seco	75
Merluza	17
Salmón	20
Sardina	21
Calamar	17
Mejillón	12
Gambas	21
Leche	3 a 3,5
Yogur	4

Conociendo la cantidad de proteína que tienen los diversos alimentos es fácil comprender que determinadas dietas no alcanzan las dosis adecuadas de este principal nutriente.

ALIMENTOS	
Queso fresco	12
Queso curado	23 a 40
Arroz	8
Pan	9
Macarrones y fideos	12
Maíz	9
Almendras	20
Nueces	18
Piñones	26
Girasol (pepitas)	27
Aceitunas	3
Aguacate	2
Naranja	0,8
Melón	0,4
Plátano	1,2
Pera	0,3
Acelgas	1,9
Coles	1,7
Tomate	1,3
Patatas	2
Setas	1,7
Zanahorias	0,8
Aceite	0

Una pauta de seguridad para conseguir una buena calidad proteica en la dieta de cada día es que la mitad de los gramos de proteína que se necesitan los aporten los alimentos animales y la otra mitad los vegetales.

Conociendo la cantidad de proteína que tienen los diversos alimentos es fácil comprender que determinadas dietas no alcanzan las dosis adecuadas de este principal nutriente.

Para poner un ejercicio de reflexión basta comparar la dosis de proteína de la leche con la de las frutas. Una persona que pese 60 kilos, tomando 2 litros de leche, estaría ingiriendo de 60 a 70 gramos de proteínas, con lo que sus necesidades diarias estarían cubiertas (si se trata de leche entera los 2 litros aportan 1.200 kilocalorías, si es leche desnatada tan sólo 700 kilocalorías, pero el aporte proteico es el mismo). Para conseguir unos 60 gramos de proteínas a base de fruta, debería consumir 20 kilos de peras por ejemplo (con esta cantidad de fruta se aportan 12.000 kilocalorías, cantidad extraordinaria que no se puede consumir), además la proteína no sería de la misma calidad. Este ejemplo pone de manifiesto la imposibilidad que tiene el ser humano de alimentarse correctamente a base de algunos alimentos.

Para asegurar una buena calidad de proteínas el mejor consejo es hacer una dieta variada, mezclando los más diversos alimentos, ya que las proteínas de un determinado producto, por ejemplo, "los cereales", se combinan con las proteínas de otro, "las legumbres", dando una mezcla proteica de gran calidad, que el organismo aprovecha en una alta proporción. Éste es uno de los secretos de las dietas tradicionales, con sus platos típicos, que son una muestra de la gran sabiduría popular que ha permitido a los pueblos sobrevivir y alcanzar altos niveles de salud. Otro ejemplo de excelente combinación proteica es la mezcla de leche o productos lácteos con cereales: "arroz con leche", "pan con queso"...

Es interesante conocer estas mezclas para practicarlas en la dieta habitual, a fin de obtener un mayor rendimiento en nuestra alimentación.

Una pauta de seguridad para conseguir una buena calidad proteica en la dieta de cada día es que la mitad de los gramos de proteína que se necesitan los aporten los alimentos animales y la otra mitad los vegetales.

A la vez con ello se consigue hacer una dieta preventiva para mu- chas enfermedades. Sería altamente saludable para nuestra población volver a consumir mayor cantidad de productos que aportan buena proteína vegetal como son las legumbres y los cereales.

La última gran norma para conseguir una buena nutrición proteica es repartir los gramos de proteína que se necesitan en varias tomas, es decir, que cada

PARA ASEGURAR UNA BUENA CALIDAD DE PROTEÍNAS EL MEJOR CONSEJO ES HACER UNA DIETA VARIADA

comida del día contenga alimentos que proporcionen una dosis correcta de proteína.

Hacer una dieta baja en proteínas o estar muchas horas sin comer alimentos ricos en ellas provocará un deterioro y envejecimiento tanto físico como intelectual, se irá perdiendo masa muscular, con la aparición de flacidez, problemas óseos... y el cerebro no funcionará a pleno rendimiento, provocando fallos de memoria, falta de concentración, dificultad de aprendizaje...

Es curioso que en sociedades desarrolladas, donde una gran parte de la población consume un exceso de proteínas (con sus consecuentes problemas de salud: obesidad, exceso de ácido úrico...), se observe entre las mujeres y las personas mayores una tendencia a hacer dietas pobres y con un mal reparto de los alimentos proteicos.

La preocupación y la moda, que se ha ido imponiendo estos últimos años, de calcular y valorar los alimentos por sus calorías, han inducido a pautas de nutrición que pueden ser incorrectas e incluso perjudiciales para la salud. Una de ellas es la costumbre de cenar sólo a base de frutas.

Si una comida consiste por ejemplo en 3 manzanas de tamaño medio (unos 600 gramos) o 3 piezas de fruta, haciendo un estudio nutricional completo debemos decir que supone estar consumiendo unas:

- 360 kilocalorías
- 84 gramos de azúcar
- 2,4 gramos de grasa
- y tan sólo 1,8 gramos de proteína.

Si variamos el menú y se combina a base de 100 gramos de pescado blanco, 125 gramos de yogur entero y una fruta de 200 gramos el recuento de sus nutrientes daría un total de:

- 255 kilocalorías
- 33 gramos de azúcar
- 4,3 gramos de grasa
- 22,6 gramos de proteínas.

Estos números pueden inducir a una buena reflexión y a mejores planteamientos de la dieta diaria. Muchos más nutrientes se podrían estudiar y comparar entre estos dos menús, como el contenido en calcio, hierro, vitaminas... y siempre saldría ganando la comida compuesta de los tres alimentos: pescado, yogur y fruta.

los ácidos grasos

En el mundo de la nutrición, nada ha creado tanta polémica y confusión o incluso tanto miedo, como las grasas. A pesar de conocer desde el año 1928 (gracias a los estudios científicos de Evans y Burr) que la falta de grasa en la dieta de los animales provoca que dejen de crecer y la aparición de graves lesiones internas y externas. Ya en aquella época observaron que sólo las grasas que contenían determinados "ácidos grasos" impedían o curaban esos trastornos.

Las grasas se encuentran tanto en el reino animal como en el vegetal en grandes cantidades. Con el nombre de "lípidos o grasas" se agrupan sustancias muy diversas y de naturaleza diferente, como son: los triglicéridos, el colesterol y las lecitinas o fosfolípidos.

Son muchas las funciones de las grasas en el organismo, desde la constitución de cada una de las células, hasta el servir de sosten a los órganos como el estómago y el riñón, pasando por la de dar elasticidad y mantener la hidratación de la piel. Además son vehículo de importantes vitaminas y aportan los imprescindibles ácidos grasos.

No podemos hacer una dieta excesivamente pobre en grasas, durante un largo período de tiempo, sin provocar serios problemas y deficiencias de salud.

Hay una relación directa entre las enfermedades cardiovasculares y la ingesta de alimentos ricos en grasas saturadas y colesterol, por ello se recomienda internacionalmente moderar su consumo.

Por el contrario, las grasas ricas en ácidos grasos insaturados se han ido confirmando, a través de numerosos estudios, como alimentos saludables y protectores de la salud.

El aceite de oliva, rico en ácido oleico, (ácido graso monoinsaturado) es un ejemplo de producto recomendable para conseguir

EL ACEITE DE OLIVA ES UN EJEMPLO DE PRODUCTO RECOMENDABLE PARA CONSEGUIR UNA DIETA PROTECTORA DE DIVERSAS ENFERMEDADES

una dieta protectora de diversas enfermedades desde las cardíacas a la diabetes.

Entre estos ácidos grasos insaturados existen unos que el organismo no los puede fabricar y es esencial que los reciba a través de la alimentación porque son componentes imprescindibles de todas las membranas celulares del cuerpo y de las funciones vitales de estas células. Si no se aportan en cantidades suficientes aparecerán problemas importantes, empezando a dar síntomas como alteraciones en la piel con pérdida de su capacidad de retención de agua, caída de cabello y estados de decaimiento general.

Existen dos familias principales de estos ácidos grasos poliinsaturados, conocidas por los nombres, cada vez más populares, de "omega-3" y "omega-6". Estos dos grupos no se transforman los unos en los otros y tienen papeles diferentes en la bioquímica corporal. A partir de estas sustancias el organismo puede fabricar otras imprescindibles para el control de la coagulación sanguínea y de los procesos de inflamación, por ello se está investigando su función en muchas enfermedades y ya se ha mostrado su eficacia en algunas, como la prevención de la arteriosclerosis, la trombosis, la artritis reumatoide, el eccema atópico y la esclerosis múltiple.

Familia omega-3

Es la familia del ácido alfa-linolénico, y sus derivados se hallan en vegetales y algunos de este grupo, de gran interés para la salud, se encuentran en los aceites de pescado.

Todo el producto del mar, pescados y mariscos, son fuentes inagotables de estas sustancias, por lo que se debe potenciar su consumo, e incluso valorar los alimentos elaborados con estas buenas grasas, como una de las pautas más necesarias para evitar las numerosas patologías de las sociedades desarrolladas.

Este grupo de ácidos grasos Omega-3 regulan y controlan el metabolismo de la otra familia Omega-6, por ello es importante que estén en la dieta diaria asegurando una prevención en la formación de coágulos sanguíneos y favoreciendo la vasodilatación.

Familia omega-6

Es la familia del ácido linoleico, presente en una gran abundancia de productos vegetales como: legumbres, frutos secos, y en especial en sus aceites (incluyendo el aceite de oliva). Estos ácidos grasos son imprescindibles para el buen desarrollo del cerebro desde el principio de su formación.

De este grupo destaca el ácido dihomo-gamma-linolénico, que se encuentra en cantidades significativas en muy pocos alimentos, sobresale la gran concentración que, de esta impor tante sustancia, tiene la leche materna (con gran diferencia de otros mamíferos) y dos vegetales: las semillas de Borraja y las de otra interesante planta: la Prímula u Onagra. Los derivados de este ácido graso tienen potentes efectos antiinflamatorios.

El equilibrio de las grasas en la dieta

Estos buenos ácidos poliinsaturados pierden sus propiedades beneficiosas, y pueden convertirse incluso en perjudiciales, en el momento que se oxidan o se enrancian. Debido a su fragilidad siempre tienen que estar protegidos por las vitaminas antioxidantes, especialmente las vitaminas E y A. Los productos naturales ricos en estos ácidos grasos contienen a la vez grandes cantidades de dichas vitaminas, como son principalmente los frutos secos (almendras, nueces, avellanas...), el germen de los cereales (germen de trigo), las legumbres, aguacates, aceitunas y pescados.

Es muy importante que la dieta esté equilibrada en el aporte de ácidos grasos poliinsaturados y el de dichas vitaminas, porque "este tipo de grasas se pueden enranciar u oxidar tanto fuera como dentro del organismo" (no en vano la vida de todas las células es posible gracias al aporte continuo de oxígeno). El problema puede aparecer por la manipulación de los alimentos (calentamiento, refinado...), que provocan una pérdida de su contenido vitamínico. Actualmente muchos productos que se elaboran con estas grasas se enriquecen también en vitaminas antioxidantes.

La gran ventaja del ácido monoinsaturado "oleico" es su resistencia y estabilidad. Propiedades que confiere a los alimentos que contienen una gran proporción de este ácido graso, como es el caso de las aceitunas y el aceite de oliva.

Por ello se recomienda que en la dieta exista un mayor aporte de oleico que de ácidos grasos poliinsaturados.

Debe quedar claro que a pesar de ser esencial el consumo de estos últimos para cubrir sus funciones fundamentales en el organismo, no se requiere consumirlos en grandes cantidades.

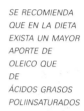

ácido fólico

Los folatos o la folacina incluyen un grupo de sustancias, química y nutricionalmente, similares al ácido fólico. Se trata de una vitamina hidrosoluble que posee propiedades antianémicas, juntamente con la vitamina B12.

La deficiencia de ácido fólico produce graves trastornos, ya que es imprescindible para la formación celular, y se caracteriza por interrupción del crecimiento, anemias, bajada de defensas. Recientemente se han descubierto nuevas funciones de los folatos, demostrándose que niveles bajos de esta vitamina en sangre es un factor de riesgo importante de enfermedades cardíacas.

Una grave consecuencia de la falta de ácido fólico es la malformación del tubo neural del feto durante la gestación, conocida con el nombre de "espina bífida".

Es preocupante en la actualidad los bajos niveles de folato en sangre que presentan muchas personas, en especial las mujeres jóvenes. Por ello se recomienda aumentar la ingesta de alimentos ricos en ácido fólico y vigilar los factores que impiden su buena asimilación como son los anticonceptivos orales, algunos medicamentos y el consumo de alcohol. También es importante saber que esta vitamina se destruye por efecto de cocciones muy prolongadas y por largos períodos de almacenamiento de los alimentos.

Las bacterias intestinales sintetizan grandes cantidades de ácido fólico y puede ser una causa de carencia la destrucción de la flora intestinal por sulfonamidas y antibióticos.

Las fuentes dietéticas más importantes de ácido fólico son las hortalizas frescas de color verde intenso, las levaduras, los hígados y riñones, los cereales integrales, las legumbres y los frutos secos.

Las recomendaciones dietéticas de folatos son de 3 microgramos por cada kilo de peso corporal, hay situaciones o etapas de la vida que estas necesidades se pueden doblar como es en el embarazo y la lactancia.

CONTENIDO EN **ácido fólico**

CONTENIDO
DE ÁCIDO FÓLICO
EN MICROGRAMOS
POR CADA 100 GRAMOS
DE ALIMENTO

ALIMENTOS

Levadura seca de cerveza	922
Levadura de panadería	930
Germen de trigo	271
Hígado	108
Espinacas	134
Endibias	120
Brócoli	105
Perejil	80
Remolacha roja	74
Espárragos	60
Pimiento rojo	29
Calabacín	27
Puerros	26
Tomate	25
Soja	95
Garbanzos	65
Judías	50
Lentejas	25
Arroz integral	35
Pan integral	35
Pan blanco	12
Nueces	60
Avellanas	35
Aguacate	35
Naranja	35
Melón	30
Plátano	25
Manzana	4
Dátiles	15
Orejones	11
Huevo entero	50
Yema de huevo	127
Bacalao	9
Solomillo de ternera	4
Leche	5

el hierro

Hablar del hierro es hablar de vigor, vitalidad y plenitud, porque el hierro es uno de los principales elementos de la sangre. Su función principal consiste en captar el imprescindible oxígeno, sin el cual no se puede vivir.

La falta o deficiencia de hierro provoca anemia y se traduce en un estado de cansancio casi continuo, menor rendimiento en cualquier tipo de trabajo, es decir, en un estado de bajo tono vital, junto con otros síntomas como caída de cabello, palidez excesiva y la sensación de poca capacidad para enfrentarse a las situaciones de la vida.

La carencia de este importante mineral es un problema típicamente femenino, especialmente en la edad fértil, debido a las normales hemorragias menstruales y a los embarazos que incrementan las necesidades de hierro. Además la mujer tiende a comer menos cantidades que el hombre y escoge y prefiere alimentos que no aportan grandes dosis de hierro. Pero también puede ser un problema infantil y de personas mayores.

El hierro orgánico se obtiene en forma de sales que aportan los alimentos. Al llegar al estómago, por acción del jugo gástrico y particularmente del ácido clorhídrico, este hierro se transforma en cloruro ferroso, pudiendo así ser absorbido en el intestino, pasar a la sangre y de allí a la médula ósea, donde será utilizado para la biosíntesis de la hemoglobina y la formación de los glóbulos rojos.

Cuando la sangre llega a los pulmones, el oxígeno se engancha al hierro de los glóbulos rojos y así es transportado a todos los tejidos, lo que permite realizar todas las funciones vitales de las células, desde la captación de estímulos y el aprendizaje de las células del cerebro, hasta el ejercicio muscular.

Una vez que la hemoglobina ha cumplido su misión, pasa al bazo y a la médula de los huesos, que poseen células destructoras de la hemoglobina, de la cual recuperan el hierro.

Este hierro recuperado tiene también un papel en la defensa antiinfecciosa del organismo, ayudando, particularmente en el bazo, a la destrucción de los microbios.

Son muchas las causas que pueden impedir una buena asimilación del hierro, algunas son propias de cada individuo como la insuficiente secreción ácida del estómago o un exceso de alcalinidad en el intestino, y otras se deben a sustancias que contienen los mismos alimentos que se combinan con el hierro e impiden su absorción, como por ejemplo los oxalatos de algunos vegetales, el ácido fítico abundante en los cereales o los taninos de las hojas de té.

En general el hierro de los alimentos de origen vegetal se absorbe en menor proporción que el de los alimentos de origen animal. Pero también es conveniente tener en cuenta los gramos que se consuman de dicho alimento, si de una verdura se consumen unos 400 gramos, aunque su tanto por ciento de absorción sea inferior al de un huevo que pesa 50 gramos, la cantidad total de hierro absorbible puede ser igual o superior en el plato del vegetal que del producto de origen animal.

Es importante conocer los alimentos ricos en hierro y consumirlos habitualmente

Igual que hay factores que dificultan el buen aprovechamiento del hierro de la dieta, también existen sustancias que lo facilitan, la principal es la vitamina C, presente en todas las frutas, verduras y hortalizas. Igualmente favorecen la absorción las proteínas y la fructosa.

Para asegurar cantidades suficientes se recomienda que los hombres tomen diariamente unos 10 miligramos de hierro al día y las mujeres deben llegar a ingerir unos 18 miligramos.

Por ello es importante que se conozcan los alimentos ricos en este mineral y se consuman habitualmente formando parte de una alimentación variada.

ALIMENTOS RICOS EN # hierro

CONTENIDO
DE HIERRO
EN MILIGRAMOS
POR CADA 100 GRAMOS
DE ALIMENTO

LEGUMBRES

Garbanzos	6
Judías	7,6
Lentejas	7,6
Soja	8,0

VERDURAS Y HORTALIZAS

Acelgas	3,5
Ajo	2
Alcachofa	1,8
Berros	2,7
Brócoli	1,4
Cardo	,2
Col de Bruselas	1,2
Endibias	2
Escarola	2,2
Espinacas	4,0
Judías verdes	1,7
Lombarda	4,0
Perejil	5 a 20
Puerro	2,0
Rábanos	1,3
Remolacha	1,1
Repollo	3,0

CEREALES Y DERIVADOS

Arroz blanco	1,0
Arroz integral	2,6
Avena	4,1
Centeno	3,2
Maíz	3,6
Trigo	4,5
Germen de trigo	7,5
Levadura seca de cerveza	17,5
Macarrones o fideos	1,4
Pan de trigo blanco	1,4
Pan de trigo integral	2,6
Pan de centeno	3,0

Es interesante destacar el contenido en hierro de las aceitunas (1,5 a 2 miligramos), las frambuesas, moras e higos (1 miligramo) y los albaricoques y otras frutas secas dulces del orden de 2 a 4 miligramos.

Es importante resaltar que la leche y sus derivados no son buena fuente de hierro (0,1 miligramos de hierro por cada 100 gramos de leche), como tampoco lo son las frutas que tienen un promedio de 0,5 miligramos.

FRUTOS SECOS

Almendras	4,3
Avellanas	3,8
Nueces	2,9
Piñones	3

PESCADOS

Almejas	6,7
Anchoas	5,1
Anguila de río	4
Atún	1,5
Camarón	2,5
Calamar y similares	1,7
Chirla	7
Gambas	1,4
Mejillón	7
Ostras	6,5
Sardina	4,8
Sardina en conserva	4
Merluza, bacalao y pescados blancos	1

Uno de los alimentos más rico en hierro es el cacao, por lo que el chocolate sin leche aporta de 5 a 6 miligramos de hierro y con leche unos 2 miligramos por cada 100 gramos.

HUEVOS

Huevo entero	2,5
Clara de huevo	0,1
Yema de huevo	7,0

Aunque los alimentos más ricos en hierro son los hígados y las vísceras de los animales, no es aconsejable potenciar su consumo por las grandes dosis de colesterol que contienen.

CARNES

Buey	2,7
Caballo	3
Cerdo	2,6
Conejo	2,4
Cordero	2,7
Pato	2
Pavo	2,4
Pollo	1,5
Ternera	2,5
Hígados	10 a 13

Para entender bien el significado de estos números se puede decir que para consumir 5 miligramos de hierro se deberían consumir 5 litros de leche, o un kilo de fruta o tan sólo 90 gramos de garbanzos o 100 gramos de sardinas.

el calcio

El calcio es el mineral más abundante en el organismo, una persona adulta contiene de 1 a 2,5 kilos de calcio, de los que el 99 por ciento está en el esqueleto, asegurando su buena mineralización y resistencia. Pero éste no es el único papel del calcio, tiene muchos otros y muy importantes tales como hacer posible la retransmisión del impulso nervioso, permitir la contracción muscular: sin calcio el corazón no funcionaría.

Los huesos son la gran reserva que posee el organismo de este vital elemento, por ello hay que conservarlos en perfecto estado a lo largo de la vida y asegurar o aumentar las dosis diarias, a través de la alimentación, según las condiciones o necesidades. El hueso no es un depósito estático de minerales, sino que al contrario está permanentemente en estado dinámico, introduciendo y aportando calcio y otros elementos. Existe un intercambio continuo entre el calcio y el fósforo (el otro principal elemento constituyente del esqueleto) de los huesos y el que contienen los líquidos orgánicos, principalmente en el plasma sanguíneo. Gracias a este gran reservorio mineral que es el esqueleto se asegura que nunca falte calcio en sangre para así poder cumplir con sus trascendentales funciones y asegurar la vida.

Por todo esto el calcio de los huesos puede disminuir gravemente cuando existe una gran demanda orgánica y no se cubre a través de los alimentos.

Además se debe tener en cuenta que hay una pérdida diaria natural de calcio, el principal camino de eliminación es el tracto intestinal y también el riñón. Aun haciendo un ayuno absoluto o una dieta artificial sin calcio se seguiría eliminando este mineral por estas dos vías.

Durante la época de crecimiento y hasta alrededor aproximadamente de los 25 años se asimila el calcio de los alimentos en mayor proporción, por

LOS HUESOS SON LA GRAN RESERVA QUE POSEE EL ORGANISMO DE CALCIO

ello es importante aprovechar estos años de la vida para hacer una buena reserva y conseguir unos huesos con una gran densidad de calcio. La capacidad de absorber calcio disminuye con la edad, la falta de ejercicio y a causa de diversos factores : genéticos, hormonales, por la ingesta de algunos fármacos o también debido a determinados componentes de los alimentos.

También hay factores de la dieta que ayudan a asimilar mejor el calcio, el principal es la vitamina D, que encontramos en la grasa de la leche y sus derivados, en el pescado azul y en el aceite de pescados.

Una ventaja con respecto a la vitamina D es que cualquier persona la puede fabricar por sí misma tomando el sol. Esta producción natural y saludable de vitamina se produce en la piel, donde el colesterol se transforma en vitamina D por efecto de los rayos solares.

La deficiencia de la vitamina D disminuye la absorción del calcio y la presencia de vitamina D en el intestino favorece y aumenta el paso, de este mineral, a la sangre a través de la mucosa intestinal.

Otros factores positivos para un buen aprovechamiento del calcio son la presencia en la dieta de lactosa (el azúcar presente en la leche), de ácido cítrico (el ácido más abundante en las frutas) y de proteínas.

Desde el punto de vista nutricional la absorción del calcio presenta también muchas dificultades debido a la insolubilidad de la mayor parte de las sales de calcio: fosfatos, oxalatos, fitatos y sales de ácidos grasos.

Un factor muy importante es que la dieta esté equilibrada en su contenido de calcio y fósforo, cuando las comidas contienen una gran cantidad de fósforo en relación con el calcio se acelera el proceso de desmineralización ósea, es decir, se moviliza calcio de los huesos; este tipo de dietas pueden causar osteoporosis, problema de salud que se caracteriza por una disminución de la densidad y la mineralización ósea y que aparece con frecuencia a medida que se envejece, especialmente entre la población femenina.

Para conseguir una dieta reforzante de los huesos se deben conocer y consumir en abundancia los alimentos ricos en calcio, pero es igualmente importante conocer su contenido en fósforo, todos aquellos que contengan una mayor proporción de calcio que de fósforo serán alimentos que se pueden considerar altamente calcificantes.

Al contrario, consumir abundantemente alimentos con mu-

CONTENIDO EN calcio Y fósforo

CONTENIDO EN CALCIO Y
FÓSFORO EN MILIGRAMOS
POR CADA 100 GRAMOS DE
ALIMENTO

Alimentos habituales
en la dieta

	Calcio	Fósforo
Arroz	16	110
Pan blanco	38	70
Pan integral	65	211
Garbanzos	94	301
Lentejas	67	348
Patatas	10	52
Almendras	250	453
Cacahuetes	61	367
Chocolate	98	411
Huevo	56	190
Merluza	24	207
Sardina	24	475
Mejillón	88	236
Jamón	12	227
Ternera	7	258
Pollo	11	235

Frutas y verduras

	Calcio	Fósforo
Aceitunas	82	15
Chirimoya	25	20
Frambuesas	23	11
Fresón	32	30
Higo	44	33
Kiwi	40	31
Limón	58	20
Mandarinas	49	48
Naranjas	36	23
Mora	40	31
Piña	14	10
Sandía	11	3
Uva	19	19
Dátiles	68	59
Higos secos	200	92
Alcachofas	44	39
Apio	52	39
Berros	192	49
Brócoli	138	69
Calabaza	39	28
Calabacín	22	18
Cardo	89	75
Col	61	36
Endibias	80	40
Espinacas	98	39
Judías verdes	65	40
Lechuga	29	27
Perejil	240	92
Puerro	62	45
Rábanos	43	27
Zanahorias	44	34

Alimentos de origen animal

	Calcio	Fósforo
Leche de cabra	146	95
Leche de oveja	230	135
Leche de vaca	120	90
Queso curado (promedio)	800	440
Yogur	145	123
Calamar	263	185
Boquerón	203	199
Anguila de río	414	320
Gambas	305	259
Ostras	117	110

cho fósforo y poco calcio (como los de la tabla anterior) resulta una dieta descalcificante que favorece la salida y pérdida de calcio de los huesos.

La absorción del calcio de la leche y sus derivados se realiza con mayor facilidad que la de otros alimentos, gracias al contenido de su azúcar natural, la lactosa, y también a su especial digestión que permite la asimilación del calcio antes que la de otros de sus ingredientes. Siendo, por tanto, la leche y sus derivados, los alimentos que proporcionan la mayor parte de calcio a la dieta.

En la actualidad aparecen en el mercado muchos alimentos enriquecidos en calcio, especialmente productos lácteos. Esta nueva oferta puede ayudar a que muchas personas lleguen a consumir las dosis necesarias de este importante mineral sin tener que aumentar el consumo calórico de su dieta. La expectativa de vida es muy superior a la que teníamos unos cuantos años atrás y en especial se alarga espectacularmente para las mujeres, por ello es necesario concienciarse de la gran importancia que tiene para una buena calidad de vida el mantener y conservar un esqueleto fuerte y resistente.

LA ABSORCIÓN DEL CALCIO DE LA LECHE Y SUS DERIVADOS SE REALIZA CON MAYOR FACILIDAD QUE LA DE OTROS ALIMENTOS

el magnesio

El magnesio es uno de los minerales que realiza más funciones en el cuerpo humano. Se le podría describir como uno de los grandes trabajadores, encargado de controlar, activar y llevar a término muchas de las reacciones vitales del organismo.

El magnesio es imprescindible para la repolarización de las neuronas y de las fibras musculares. Cuando existe una falta de magnesio se provocan espasmos y contracturas musculares.

También es un mineral necesario para la síntesis de proteínas tales como: enzimas, anticuerpos, hormonas y la formación y el mantenimiento de los cartílagos.

Es importante destacar que el estado de estrés, tanto físico como intelectual, provoca una importante pérdida de magnesio. Ésta sería la más lógica explicación de la gran demanda de magnesio en la época de crecimiento, en el embarazo y la lactancia, así como en numerosas actividades deportivas y también en muchas enfermedades.

Un 60 por ciento del magnesio corporal se encuentra en los huesos y los dientes, formando parte de sus estructuras cristalinas minerales y del cristal hidratado superficial. Para conseguir unos dientes fuertes y mantener un buen esmalte dental es imprescindible una dieta que aporte cantidades suficientes de magnesio.

Es un elemento igualmente importante para tener un cabello vigoroso y abundante y evitar su caída.

La disminución del contenido total de magnesio en todo el organismo se sugiere como un factor importante en casos de arritmias, hipertensión e incluso infartos de miocardio.

El problema estriba en valorar la deficiencia de magnesio, porque como en el caso del calcio, los niveles en sangre se mantienen generalmente en una nor-

EL ESTADO DE ESTRÉS, TANTO FÍSICO COMO INTELECTUAL, PROVOCA UNA IMPORTANTE PÉRDIDA DE MAGNESIO

malidad, ya que se va movilizando el magnesio de los huesos. Por ello se han realizado numerosos estudios con los que se ha podido comprobar que la ingesta de magnesio en las poblaciones modernas no llega a la dosis mínima recomendada de 300 a 350 miligramos por día para los adultos.

En el mundo vegetal este mineral tiene también muchos papeles importantes, el más destacado tal vez es el de formar parte de la molécula de la clorofila, esta sustancia que da el hermoso color verde a las plantas y sin la cual no sería posible la tan vital "función clorofílica" a través de la que todos los vege-

tales suministran y renuevan el oxígeno atmosférico.

Es por lo tanto un mineral abundante en muchos alimentos, pero la leche y sus derivados, las carnes, los pescados, los huevos y la mayoría de las frutas frescas son fuentes escasas en magnesio.

Los grupos de alimentos que aportan mayor cantidad de magnesio, como son la familia de las nueces y las legumbres, están sufriendo una importante disminución en el consumo habitual de las poblaciones más avanzadas económicamente. Se hace urgente rectificar esta tendencia y vigilar el contenido correcto de magnesio en las comidas diarias.

CONTENIDO EN # magnesio

ALIMENTOS ESPECIALMENTE
RICOS EN MAGNESIO EN
MILIGRAMOS POR CADA 100
GRAMOS DE ALIMENTO

ALIMENTOS	
Cacao	420
Chocolate sin leche	100
Chocolate con leche	55
Levadura seca de cerveza	230
Almendras	254
Avellanas	150
Nueces	185
Piñones	135
Girasol (pipas)	190
Castaña seca	138
Soja	242
Judías secas	185
Garbanzos	86
Lentejas	80
Arroz integral	150
Pan integral	90
Germen de trigo	325
Dátiles	60
Higos secos	86
Acelgas	70
Espinacas	60
Guisantes frescos	50
Gambas	96

el yodo

yodo

Este elemento, presente en el cuerpo de una persona adulta, en cantidades tan pequeñas como pueden ser 20 o 30 miligramos, es uno de los grandes reguladores del buen desarrollo físico e intelectual y de la salud en general.

Más del 75 por ciento de este yodo se concentra en la glándula tiroides y el resto se reparte por todo el organismo, especialmente en la sangre, la mucosa del estómago y la glándula mamaria de las madres lactantes.

La carencia de yodo conduce a una deficiencia mental (en especial si no se consume la dosis suficiente de este elemento durante la gestación), debido a que sin una correcta dieta en yodo no es posible un buen desarrollo y crecimiento del cerebro.

En la actualidad pueden estar en situación de riesgo, por no alcanzar las dosis de yodo necesarias a través de los alimentos, un billón de personas en el mundo. Por ello en muchas zonas del planeta, el bocio o aumento de la glándula tiroides es tan frecuente entre la población, que se considera una característica física normal en lugar de verlo como una alteración del organismo. La utilización de sal yodada es una práctica, de excelentes resultados, extendida en muchísimos países para disminuir esta carencia.

Este importante elemento, que se necesita en cantidades mínimas de unos 150 microgramos diarios, se hace imprescindible para alcanzar un óptimo estado de salud. Su función es la síntesis de hormonas tiroideas y éstas a su vez son reguladoras de las más diversas funciones del organismo.

La falta de yodo puede ocasionar múltiples problemas de salud, se podría decir que el organismo entra en un estado de descontrol y de caos. Una vez más lo más pequeño y aquello que se encuentra en menor cantidad se convierte en lo más valioso y necesario.

Hablar de yodo es hablar del mar, que es la gran reserva natural de este importante elemento, por ello los alimentos que lo aportan en mayor cantidad son los que crecen y viven en sus aguas, desde las algas a sus minúsculos o grandes habitantes. Los mariscos y pescados de aguas saladas contienen de 30 a 300 microgramos de yodo por cada 100 gramos de producto limpio y los peces de agua dulce tan sólo unos 4 microgramos.

Los demás alimentos dependerán de la riqueza en yodo de las aguas, y las tierras donde se produzcan. En determinadas zonas, el arroz, si es integral, resulta un producto muy rico en yodo.

HABLAR DE YODO ES HABLAR DEL MAR, QUE ES LA GRAN RESERVA NATURAL DE ESTE IMPORTANTE ELEMENTO

La concentración en yodo de las leches de vaca, oveja y otros mamíferos, y los huevos de las aves, varía en relación directa al contenido de este elemento en la dieta de dichos animales.

La dosis de yodo tiene un gran margen de tolerancia y es muy diferente en los diversos países del mundo. Debido a la dieta basada en gran abundancia de alimentos de origen marino (algas y pescados), en algunas islas del planeta, como por ejemplo Japón, sus habitantes ingieren diariamente cantidades de yodo que se pueden medir en miligramos en lugar de microgramos, sin que ello produzca efectos tóxicos.

CONTENIDO EN **yodo**

CONTENIDO DE YODO
EN MICROGRAMOS
POR CADA 100 GRAMOS DE
ALIMENTO

ALIMENTOS

Sal yodada	1.500 a 2.500
Marisco en general	200 a 300
Almejas y mejillones	130
Gambas	130
Bacalao	120
Caballa	74
Arenque	52
Atún	50
Salmón	34
Sardina fresca	32
Sardina en aceite	24
Lenguado	17
Anguila de río	4
Trucha	3
Leche de vaca	Hasta 15
Huevo	Hasta 10
Carnes	3
Brécol	15
Zanahoria	15
Espinacas	12
Rábanos	8
Espárragos	7
Endibias	6
Ajos y cebollas	3 a 8
Apio	3
Legumbre seca	10 a 14
Frutos secos	2 a 3
Piña fresca	Hasta 12
Frutas en general	1 a 2
Higos secos	4
Café tostado	8
Té	8

la fibra dietética

Los alimentos proporcionan una serie de sustancias que al ser digeridas pasan a la sangre y permiten la nutrición y el mantenimiento de todo el organismo.

En la composición de varios de ellos, se encuentran una serie de moléculas que el aparato digestivo del ser humano no es capaz de asimilar y como si de una esponja vegetal se tratara, van recorriendo todo el tracto intestinal, hasta ser eliminadas por las deposiciones. A todo el conjunto de sustancias que actúan de este modo se le da el nombre general de "fibra dietética".

Si la fibra dietética se tuviera que definir de una manera breve podríamos decir que es el mejor "material de higiene interior" del que podemos disponer.

La fibra, al no ser absorbida, no aporta energía al organismo, pero tiene una serie de funciones importantes.

La primera y fundamental es que resulta absolutamente imprescindible para evitar el tan frecuente problema de estreñimiento.

La presencia de fibra en la alimentación regula y frena la absorción de los hidratos de carbono y de las grasas. Gracias a esta propiedad se convierte en uno de los pilares de la prevención y tratamiento de diversas enfermedades, como son la diabetes y las enfermedades cardiovasculares debidas al exceso de colesterol y de triglicéridos.

En la actualidad, gracias a numerosos estudios se puede afirmar que una dieta con buen contenido de fibra es el mejor seguro para:

• No formar piedras de vesícula biliar.

• Evitar e incluso rebajar el exceso de colesterol.

• Disminuir al máximo el riesgo de diabetes (a la vez, una dieta rica en fibra es indispensable para el control de esta enfermedad cuando ya se padece).

LA FIBRA, AL NO SER ABSORBIDA, NO APORTA ENERGÍA AL ORGANISMO, PERO TIENE UNA SERIE DE FUNCIONES IMPORTANTES

• Prevenir y aliviar diversas patologías del intestino, incluso el cáncer.

De todo esto se deduce que "la fibra es absolutamente imprescindible en la nutrición sana del ser humano".

La fibra dietética, por su capacidad de absorción (como si de una esponja se tratara), al igual que hace con los hidratos de carbono y con las grasas, también puede retener minerales y disminuir su asimilación, pero si se consume una dieta con los contenidos en hierro, calcio, magnesio, etc., que se recomiendan, una alimentación que aporte de 30 a 100 gramos de fibra diarias no puede provocar ninguna carencia mineral. Este problema sí se presenta en países donde la nutrición es insuficiente y los pocos alimentos de que disponen son muy altos en fibra.

Las sustancias que constituyen la fibra no se pueden digerir ni asimilar en el intestino, pero sí pueden fermentar por acción de las bacterias intestinales y esto provoca una formación de gases.

Para evitar este molesto efecto la mejor solución es no tener estreñimiento, es decir, que las heces no estén durante un período largo de tiempo en el intestino grueso, así las bacterias que en él se encuentran no provocarán una gran fermentación de la fibra y la flatulencia dejará de ser un problema.

No todas las fibras que aportan distintos alimentos tienen la misma composición, "la pectina" de las frutas es una fibra gelatinosa, también lo es la de las algas o determinadas semillas (algarrobo, las semillas de lino), de las que se obtienen fibras muy suaves, una de las más consumidas es la "goma-guar".

Igualmente ocurre con las fibras que están presentes en "el agar", que se obtiene de las algas *Gelidium, Gracilaria* y otras especies, es un coloide que se hincha con el agua y forma un gel. Estos tipos de fibras dan pocos problemas de formación de gases, a la vez que no impiden prácticamente la asimilación de minerales.

Los alimentos ricos en fibras celulósicas, como son las legumbres o los cereales integrales, fermentan en gran proporción.

Observando el salvado de los cereales, con su aspecto de finísima paja o madera, se advierte la diferente composición de su fibra en relación con la de las frutas que se aprecia al fabricar el dulce de membrillo u otras mermeladas de frutas que adquieren una constitución gelatinosa.

Hay alimentos que no tienen fibra como son la leche y sus derivados, los huevos, las carnes y todos los pescados.

La dosis de fibra que se aconseja tomar diariamente para

conseguir todas sus ventajas es de un mínimo de 30 gramos al día. Una cantidad muy recomendable, óptima para la mayoría de la población, sería de 70 gramos al día, pero hay personas que deben aumentar aún más la ingesta de fibra para regular sus deposiciones.

Es muy conveniente consumir alimentos ricos en fibra en cada una de las comidas diarias, para ello hay que conocer cuáles son estos alimentos y potenciar su consumo habitual.

Son cinco los grupos de alimentos que contienen fibra y algunos de ellos siempre deberían estar presentes en cada menú:

1 Cereales integrales. Si los cereales han sido refinados, se les ha eliminado la capa de salvado o envoltura del grano y con ello se pierde la mayor parte de fibra.

2 Legumbres. Son los alimentos que aportan mayor cantidad de fibra.

3 Verduras y tubérculos. Estos buenos alimentos son bajos en calorías en gran parte por la gran cantidad de fibra que contienen.

4 Frutas. Cuando las frutas se secan o se elaboran conservas con ellas, como las mermeladas, conservan toda su fibra. No

ocurre esto en los zumos de frutas que pierden la mayor proporción de fibra. La mayoría de las frutas tienen un contenido de fibra de 2 gramos por cada 100 gramos.

5 Frutos secos oleaginosos. Contienen una gran proporción de fibra a la vez que son magníficas fuentes de minerales.

Es muy conveniente consumir alimentos ricos en fibra en cada una de las comidas diarias

CONTENIDO EN # fibra

CONTENIDO
DE FIBRA
EN GRAMOS
POR CADA 100 GRAMOS
DE ALIMENTO

ALIMENTOS

Arroz integral	12
Muesli	10
Copos de avena	10
Copos de cebada	17
Copos de centeno	16
Copos de trigo	13
Pasta de sopa integral	10
Pan integral de trigo	9
Pan integral de centeno	13
Galletas integrales	6
Judías secas	25
Soja seca	18
Garbanzos secos	15
Lentejas secas	12
Guisantes frescos	5
Habas frescas	4
Espinacas	6
Acelgas	6
Tomate	3,5
Coles	3,3
Remolacha	3,1
Judías verdes	3
Zanahorias	3
Setas	2,5
Patatas	2
Lechugas	1,5
Cebollas	1

ALIMENTOS

Aceitunas	4,4
Membrillo	6
Dulce de membrillo	3
Frambuesas	6
Higos	3
Plátano	3,5
Aguacate	3
Fresas	2,5
Kiwis	2,5
Albaricoques	2
Ciruelas	2
Manzanas	2
Naranjas	2
Chirimoyas	1
Higos secos	18
Ciruelas secas	16
Uvas pasas	7
Albaricoques secos	8
Dátiles secos	9
Almendras	12
Avellanas	10
Castañas	7
Pistachos	7
Nueces	5
Girasol (pepitas)	7
Sésamo	11
Semillas de lino	14

Puede sorprender la alta dosis de fibra que contienen los membrillos, por la creencia popular de que el consumo de esta fruta provoca estreñimiento, y esto no es cierto. Es necesario puntualizar que la fibra del membrillo (con una gran proporción de pectina y de textura gelatinosa) tiene la propiedad de absorber agua a su paso por el intestino. Motivo por el que se aconseja tomarlo en procesos diarreicos, en los que hay una gran pérdida de líquido vía rectal. Este producto actúa de freno a esta pérdida, favorece la reabsorción de agua y colabora a controlar las diarreas.

El membrillo y otras frutas ricas en pectina como la manzana se pueden consumir habitualmente sin que produzcan estreñimiento, puesto que la característica principal de estas fibras es aumentar el volumen de las heces y favorecer una evacuación normal.

Otro componente de la fibra de los vegetales son los "fructooligosacáridos", que se encuentran en pequeñas cantidades en muchas verduras: ajos, alcachofas, tomates... en las frutas, especialmente en el plátano, y en los cereales integrales. Estas fibras llegan enteras al intestino grueso, donde existen bacterias que pueden ser perjudiciales (putrefactivas) y otras que son beneficiosas, como son las bifidobacterias que utilizan estos

fructooligosacáridos para desarrollarse, favoreciendo una flora bifidogénica en el colon de excelentes efectos sobre la salud, a la vez que se limitan las bacterias consideradas patógenas o negativas.

Esta propiedad que tienen algunas fibras de favorecer el desarrollo de las buenas bacterias bífidas, se conoce como "efecto Bio".

La alimentación con alto contenido en fibra es el principal factor dietético para mantener un buen equilibrio ecológico en el campo interior del intestino.

LAS MANZANAS SE PUEDEN CONSUMIR HABITUALMENTE SIN QUE PRODUZCAN ESTREÑIMIENTO

organización de los

Conociendo los nutrientes que necesita el organismo, y los alimentos que los contienen en buena cantidad, es necesario pasar a la práctica y organizar las comidas diarias de modo que la dieta resultante sea equilibrada y asegure una buena nutrición.

Hasta hace pocos años, la planificación de las comidas se hacía siguiendo las tradiciones surgidas con la experiencia de siglos y el conocimiento de los problemas que ocasionaban las dietas poco variadas o en las que faltaban algunos alimentos importantes. Estas tradiciones se retransmitían y repetían generación tras generación.

En la actualidad, las condiciones de vida han cambiado. Cada vez más personas comen fuera del hogar, empezando por los niños. No se hace una programación semanal de los menús y casi todo se improvisa en el último momento. El resultado no acostumbra a ser bueno, por ello conviene aprender cuáles son las bases de una buena organización de los menús.

Los almuerzos y las cenas de toda la semana deben tener una variedad importante de alimentos y contener los necesarios para que la dieta resultante aporte todos los nutrientes esenciales.

Cada menú debe cumplir las siguientes normas:

CONTENER LA DOSIS JUSTA DE PROTEÍNAS. Por ello no se combinarán grandes cantidades de alimentos con alto aporte proteico, ni se confeccionará el menú con alimentos muy bajos en proteínas.

VERDURAS Y HORTALIZAS DEBEN ESTAR SIEMPRE PRESENTES. Porque son bajas en calorías y pobres en grasa, ricas en minerales y en fibra. Equilibran, aligeran y dan volumen a las comidas.

APORTAR UNA BUENA CANTIDAD DE FIBRA DIETÉTICA. Si un plato se elabora con productos que no tengan fibra, contrarrestar con otros que la incluyan en mayor dosis.

LOS ALMUERZOS Y LAS CENAS DE TODA LA SEMANA DEBEN TENER UNA VARIEDAD IMPORTANTE DE ALIMENTOS

ASEGURAR UN BUEN CONTENIDO DE CALCIO. Utilizando en cada menú alimentos ricos en este mineral y que mantengan el equilibrio calcio/fósforo.

ELEVAR EL NIVEL VITAMÍNICO CON ALIMENTOS CRUDOS. La introducción en cada comida de hortalizas crudas o frutas es necesario para conseguirlo.

El cambio en los hábitos de consumo en los últimos treinta años ha llevado a comer menos legumbres y que las nuevas generaciones rechacen el pescado y las verduras, entre otros alimentos. Hay que rectificar estas u otras malas tendencias y hacerse una serie de propósitos.

Introducir las legumbres como plato principal varias veces por semana.

En estos menús se combinará la legumbre con una pequeña cantidad de proteína de origen animal: bacalao, atún, cerdo..., tan sólo unos 30 o 40 gramos por ración y como postre es recomendable consumir yogur, que facilita la digestión de la legumbre, evita fermentaciones y proporciona unos gramos más de proteína que completa el contenido correcto de todo el menú.

Consumir alimentos que aporten hidratos de carbono complejos.

Todas las comidas deben tener una ración de alimentos que aporte hidratos de carbono de absorción lenta: legumbre, arroz, pasta, pan, otros cereales (maíz, avena...), harinas, patatas u otros alimentos de menos consumo como: castañas o tapioca.

Potenciar el consumo de pescado.

Dos o tres veces por semana es imprescindible consumir pescado, la gran variedad que existe de los mismos, sin olvidar la importancia del pescado azul, evita la monotonía en la dieta. Una vez por semana resulta altamente aconsejable introducir marisco: mejillones, calamar, sepia, pulpo, gambas.... por su importante aporte de minerales.

Cocinar con pocas grasas.

No abusar de los fritos, elaborar los guisados con muy poca grasa, vigilar el contenido graso de los alimentos, aliñar moderadamente los platos, es el mejor secreto para evitar un exceso de calorías.

Evitar el exceso de productos ricos en colesterol.

No caer en la tentación de sustituir comidas saludables por comidas rápidas elaboradas con muchas grasas de origen animal. Moderar el consumo de alimentos como vísceras, embutidos... Tres o cuatro huevos por semana resulta una ración aconsejable para la mayoría de la población.

Todas las comidas deben tener una ración de alimentos que aporte hidratos de carbono

Con todas esta
ideas y principios s
confeccionarán los menú
La pauta que se ofrece e
de los ingredientes básico
que forman cada un
de las comidas. A part:
de ellos las combinacione
y posibilidades culinaria
son muy amplia.

Dos ejemplos:

GUISADO DE PATATAS
TORTILLA DE VERDURAS
FRUTA

ENSALADA
HUEVOS FRITOS CON
PATATAS
FRUTA

LUNES	MARTES	MIÉRCOLES
ALMUERZO	ALMUERZO	ALMUERZO
verdura **patata** huevo fruta	ensalada **legumbre** cerdo, pescado yogur	verdura **pasta** pescado fruta
CENA	CENA	CENA
verdura **pan o cereales o harina** jamón, atún, pollo producto lácteo	verdura **arroz** pescado fruta	ensalada **patata** huevo producto lácteo

Las cantidades se adaptan a la necesidad de cada persona. La mejor norma para saber si el consumo de calorías es el adecuado, será el mantenimiento del peso

Los almuerzos de los martes y viernes dan la posibilidad de hacer menús apropiados para la época de frío o de calor. Dos ejemplos:

PIMIENTOS ASADOS
POTAJE DE LEGUMBRES CON
COSTILLA DE CERDO
YOGUR

ENSALADA
LEGUMBRE CON ATÚN EN
ACEITE Y VINAGRETA
YOGUR

Al hablar de hortalizas se incluyen setas, espárragos, alcachofas, pimientos, berenjenas, calabazas, calabacines, tomates... además de todas las verduras de hoja y raíces. Tres ejemplos:

ARROZ CON SALSA DE TOMATE
POLLO CON PIMIENTOS
FRUTA

ESPÁRRAGOS
ARROZ CON SETAS Y CONEJO
FRUTA

o una tercera más ligera y refrescante

ENSALADA CON ARROZ
CODORNICES A LA VINAGRETA
FRUTA

Son tan variadas las sugerencias de menús y se pueden confeccionar con estas combinaciones de alimentos, que permiten adaptarlos a la mayoría de la población. Puede ser la base para las comidas de una familia o colectividad: escuelas, residencias... o para la organización de cualquier persona, incluso como guía para escoger comidas fuera de casa.

JUEVES	VIERNES	SÁBADO	DOMINGO
ALMUERZO	ALMUERZO	ALMUERZO	ALMUERZO
hortalizas **arroz** carne blanca fruta	verdura **legumbre** pescado yogur	verdura **patata** marisco fruta	hortalizas **pasta** carne fruta
CENA	CENA	CENA	CENA
verdura **pasta** pescado producto lácteo	verdura **patata** pescado fruta	ensalada **cereales** huevo producto lácteo	ensalada **pan** queso fruta o yogur

Las raciones más normales de carnes y pescados están alrededor de los 100 gramos por persona. Sobrepasar mucho esta cantidad no es beneficioso para la salud. Siguiendo esta organización de las comidas se realiza una prevención de las numerosas enfermedades, desde el estreñimiento hasta la osteoporosis y se puede conseguir una alimentación sana y económica

Dos ejemplos:

ENSALADA
PIZZA
HELADO

ENSALADA
CON HUEVO
DURO
YOGUR CON
CEREALES

las distintas etapas de la vida

de la vida

Los cambios hormonales que se producen en el cuerpo de la mujer la condicionan a lo largo de su vida. De una manera muy especial durante los embarazos y lactancias, en la etapa menopáusica, e incluso las menstruaciones, en algunas mujeres pueden alterar su ritmo vital.

El organismo femenino se va modificando a lo largo de las distintas etapas de la vida.

Para que estos cambios estén dentro de una sana normalidad, para pasar de una etapa a la otra, alargando la juventud a la vez que se mantiene la salud y se posibilita vivir cada una de ellas con toda plenitud física y psíquica, la buena alimentación ha de ser su amiga y aliada.

Cada momento de la existencia puede ser hermoso, viviendo con un talante joven y optimista, con un espíritu deseoso de aprovechar el momento presente, agradecido al hecho mismo de "estar vivos" y sobre todo a "haber vivido" lo bueno e incluso lo malo. Porque todo colabora a: la mayor madurez personal, a la posesión de conocimientos y a la experiencia del ser humano, "tres tesoros" que no se pueden adquirir más que con el paso del tiempo.

La comida acompaña la vida y debe ir cambiando con ella, asegurando las sustancias imprescindibles en cada etapa y circunstancia. Conocer las características y necesidades nutricionales a lo largo del ciclo vital de la mujer es el objetivo principal de esta parte del libro, orientando en las dietas apropiadas que ayudarán a estar en plena forma, controlar el peso y prevenir las enfermedades, o incluso a cuidar el aspecto estético.

CONOCER LAS CARACTERÍSTICAS Y NECESIDADES NUTRICIONALES A LO LARGO DEL CICLO VITAL DE LA MUJER ES UN OBJETIVO PRINCIPAL

la adolescencia

Adolescencia y primera juventud

Entrar en la adolescencia es iniciar una etapa de continuos y profundos cambios, a través de los que se definirá la persona adulta que debe y puede llegar a ser el hasta ahora niño o niña. Es un período de grandes desafíos físicos, psíquicos y sociales.

Es una etapa de maduración de la mente y del cuerpo, que requiere de una buena nutrición, para poderse producir plenamente.

La velocidad de crecimiento se acelera, los cambios hormonales son vertiginosos, la diferenciación entre los sexos se hace absolutamente patente y la niña debe aprender a ser mujer.

La naturaleza le habla a esta nueva mujer un lenguaje directo y personal (por ello comprensiblemente impactante) con la aparición de la primera regla. Debe ser un momento de júbilo y celebración, si se entiende este acontecimiento como la bella manifestación que realmente es. Ese nuevo cuerpo de mujer está dando la señal de plenitud, capacidad de vida, y funcionamiento perfecto.

LA ADOLESCENCIA ES INICIAR UNA ETAPA DE CONTINUOS Y PROFUNDOS CAMBIOS

¡Qué más se puede desear, hay que festejarlo!

La menstruación periódica le está diciendo y se lo dirá a lo

71

largo de muchos años, que posee un nuevo estado hormonal, necesario e imprescindible, para que brille con luz propia la belleza de su piel y cabellos, el aspecto de juventud y vitalidad, a la vez que le asegura una protección frente a las enfermedades cardiovasculares y asegura la fortaleza de sus huesos.

La mejor prevención para la mayoría de los trastornos femeninos, desde las molestias menstruales hasta la moderna epidemia de la anorexia, es conseguir que toda adolescente sienta la satisfacción de convertirse en mujer, a la vez que aprende a descubrir su propia y particular hermosura.

Es obligación de toda la sociedad descartar ideas negativas en esta etapa de educación y dar el mensaje positivo a nuestra juventud, que la vida vale la pena aprovecharla con plenitud, que estamos en un momento histórico y en una sociedad privilegiada, donde abundan las posibilidades y no existen grandes escaseces para la mayoría de la población.

El pensamiento positivo es más educador y previene o palía muchos males que cualquier don que se pueda otorgar a la juventud actual. Prueba de ello son muchos los jóvenes ejemplares que, sufriendo dificultades personales de cualquier índole,

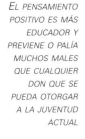

EL PENSAMIENTO POSITIVO ES MÁS EDUCADOR Y PREVIENE O PALÍA MUCHOS MALES QUE CUALQUIER DON QUE SE PUEDA OTORGAR A LA JUVENTUD ACTUAL

gracias a su visión positiva de la vida se superan diariamente y avanzan hacia las metas que ellos desean alcanzar.

En esta etapa de gran aprendizaje, que es la adolescencia, es fundamental acercarse a la naturaleza, aceptarla y comprender que tiene unas leyes inamovibles y reales, como es por ejemplo la de la gravedad.

La alimentación de un ser humano también está regida por unas leyes naturales que son sencillas de aprender. No respetarlas acarrea efectos muy indeseables. "Todo lo que se come de más, se transforma en grasa". "Si no se come lo necesario para cubrir las necesidades se provocan carencias que causarán problemas de salud a corto o a largo plazo."

Hablar de adolescencia y primera juventud es hablar de

maduración, de desarrollo físico, emocional e intelectual. Es entrar en el mundo de los pensamientos abstractos, de la comprensión profunda de las realidades, y no es tarea fácil, para una mente que hasta entonces se había movido en el concreto mundo de la infancia. Por ello se hacen nuevos planteamientos. Lo aprendido y aceptado hasta entonces se cuestiona desde un punto de vista más intelectual y esto afecta también al ámbito de la alimentación.

Los alimentos y comidas que estaban aceptadas y se consumían habitualmente, pueden ser rechazadas. Cuestionan el ¿por qué deben comer de un modo determinado?, y sobre todo ¿por qué no pueden comer sólo lo que les apetece?

Las respuestas deben ser dirigidas a la persona adulta que ya empiezan a ser. No se pueden dar explicaciones infantiles, más bien deben estar basadas en conocimientos científicos propios del mundo intelectual en que se mueve nuestra juventud. Es propio de este período de la vida hacer una intelectualización de los conceptos.

LO APRENDIDO Y ACEPTADO HASTA ENTONCES SE CUESTIONA DESDE UN PUNTO DE VISTA MÁS INTELECTUAL

Sería muy bueno que todos los padres y educadores recordasen su propia adolescencia y el mar de dudas, pensamientos e imaginaciones que ellos vivieron, aceptando también que los cambios generacionales siempre traen consigo nuevos puntos de vista, más o menos afortunados, pero inevitables y a la vez necesarios.

El gran problema radica en que los jóvenes no cometan errores que puedan dañar su futuro. Es normal que esta etapa cree confusión emocional y conflictos varios.

Una de las realidades constatadas en el mundo de la nutri-ción es que los conflictos siempre afectan a los hábitos, el ritmo y la calidad de la alimentación.

Cuando se vive una circunstancia o un hecho doloroso o agobiante se desencadenan etapas de anorexia o de bulimia, o ambas alternativamente, es decir: "se deja de comer o se come de más".

Es una reacción absolutamente humana y casi siempre difícil de controlar.

Por todo ello, es muy necesario comprender, informar y ayudar a la juventud para que superen estos momentos decisivos del desarrollo en los que se juegan la calidad de su constitución orgánica para siempre. Hay una serie de enfermedades o degeneraciones propias de las personas mayores que se empiezan a gestar y producir en los años jóvenes, como son las enfermedades cardiovasculares o la osteoporosis.

Toda persona joven que comprenda estas leyes de la naturaleza, y actúe en consecuencia, se colocará en una situación privilegiada para el resto de su vida y como toda la evolución se ha basado en la selección de los mejores dotados para la adaptación, sus posibilidades de progresión y logro de una armonía total se verán ampliamente aumentadas.

El período de gran crecimiento

Durante los años de la adolescencia, se producen los grandes cambios orgánicos y el mayor desarrollo corporal. En general siempre se da un período de unos 18 a 24 meses donde el ritmo de crecimiento se acelera, es la edad de los "grandes estirones". Normal será que sientan hambre a todas horas, al igual que sueño y cansancio, mezclados con episodios de superactividad. Se hace difícil controlar la ingesta de alimentos, pueden comer continuamente o rechazar cualquier comida. Parece que lo único que se imponga es la anarquía, y si esto ocurre, no se favorece el correcto desarrollo.

HAY UNA SERIE DE ENFERMEDADES O DEGENERACIONES PROPIAS DE LAS PERSONAS MAYORES QUE SE EMPIEZAN A GESTAR Y PRODUCIR EN LOS AÑOS JÓVENES

Hay un tiempo para todo, y éste está dedicado al crecimiento. Cuando se acabe esta etapa ya no se podrá crecer más. Hay que ser consciente de ello y aprovecharlo al máximo.

Las niñas se desarrollan antes que los niños y en un período más corto de tiempo. Es aquí cuando las necesidades nutricionales se empiezan a diferenciar entre los dos sexos. Las jóvenes ganan grasa con mayor facilidad. Cuando ellas dejan de crecer ellos lo continúan haciendo durante algunos años más.

Los cuerpos femeninos, normalmente más pequeños, necesitan menos calorías, por lo que no pueden seguir comiendo igual que sus hermanos o compañeros. La niña debe aprender a comer como una mujer.

Es frecuente que al año de tener unas menstruaciones regulares, la joven pare el crecimiento. Generalmente se puede crecer como máximo de unos 5 a 7 centímetros a partir de la menarca o primera regla.

El organismo requiere, a partir de estos cambios, el aumento de algunos nutrientes como el hierro, y disminuir otros: grasas y azúcares.

Una buena norma preventiva es realizar un análisis sanguíneo después de la aparición de la primera regla y volverlo a repetir al año o máximo dos, para poder valorar la pérdida de hierro que le supone a cada mujer sus hemorragias menstruales. Así se podrá ajustar una correcta alimentación, para cada caso en particular, evitando con ello las anemias y sus consecuencias.

Es muy importante en esta temporada de la vida que la alimentación se convierta en una fuente de vitalidad y de equilibrio, así será una ayuda para ver las cosas más claras.

Una persona joven que se sienta bien dentro de su cuerpo tiene una gran ventaja para enfrentarse a la vida, sentirse valorada, encontrar su sitio en la sociedad, y sobre todo poder aceptar plenamente su propia identidad.

Es penoso que se desee lo contrario de lo que se posee, por poner un ejemplo: si el cabello es rizado se quisiera tener liso. Las modas colaboran negativamente imponiendo unos cánones muy determinados y continuamente cambiantes. Se requiere mucha personalidad para estar por encima de tantos criterios externos. Una sociedad que debería ser cada día más plural y solidaria tendría que ofrecer, e incluso vender, a los jóvenes estos valores como los más modernos y positivos.

ES MUY IMPORTANTE EN ESTA TEMPORADA DE LA VIDA QUE LA ALIMENTACIÓN SE CONVIERTA EN UNA FUENTE DE VITALIDAD Y DE EQUILIBRIO

La adolescencia ósea termina a los 25 años

Si se acepta "adolescencia" como sinónimo de "formación", se puede decir que la adolescencia ósea termina a los 25 años.

El crecimiento del esqueleto necesita de una buena dieta rica en calcio para alcanzar una masa ósea máxima. El hueso se alarga y luego se sigue mineralizando durante algunos años más a pesar de haber parado el crecimiento.

La mayor capacidad de acumular minerales en los huesos se da alrededor de los 20 años y los nuevos estudios indican que la máxima densidad o fortaleza ósea no se da hasta los 25 años.

Para conseguir una buena despensa de minerales, calcio, magnesio, etc., se requiere una especial atención en la dieta y también en el ejercicio físico que favorece la calcificación.

El resto de la vida quedará condicionada por esta reserva que se ha elaborado durante la larga adolescencia o formación ósea.

Necesidades nutrientes

Se requieren grandes cantidades de nutrientes para atender a las demandas del crecimiento.

El mejor seguro para que no se produzcan carencias está en realizar una dieta muy variada. Son muchos los elementos necesarios para conseguir un máximo y óptimo desarrollo, como el zinc, el cobre, el cromo, el manganeso. Sólo consumiendo alimentos muy diversos se pueden cubrir las necesidades de todos ellos.

Proteínas:
En esta temporada de la vida es vital el aporte de proteínas para conseguir el desarrollo de una buena masa muscular.

Cuando se haya acabado el crecimiento, el cuerpo no volverá a fabricar células musculares

del cerebro, para su correcto funcionamiento.

Todos los jóvenes deben saber que si no se consumen suficientes proteínas falla la capacidad intelectual. Este problema se pone de manifiesto de una manera muy lamentable en los casos de anorexia. Personas muy brillantes intelectualmente, pierden toda su potencia mental al cabo de un tiempo de realizar una dieta baja en proteínas.

Esta realidad debe servir de alerta y de punto profundo para reflexionar. Una persona puede estar delgada pero sana, y para que esto se dé, es necesario que cubra sus necesidades de proteínas. Sin estos nutrientes no es posible la vida ni la salud, empezando por la salud mental.

Una joven puede y tiene el derecho a escoger el tipo de mujer que quiere ser, en el más amplio sentido, desde el físico hasta el profesional. Pero pierde toda posibilidad y libertad de decisión en el momento que deteriora su capacidad intelectual.

Por lo tanto, una dieta baja en proteínas tendrá inevitablemente una repercusión negativa sobre la mente. Cuando se llega a este punto se altera la visión de la realidad y es muy difícil tomar decisiones razonables. Es prioritario volver a nutrir con un alto contenido proteico para conseguir una recuperación.

SI NO SE CONSUMEN SUFICIENTES PROTEÍNAS FALLA LA CAPACIDAD INTELECTUAL

nunca más a lo largo de la vida. A partir de entonces lo único que se puede hacer es conservarlas. Cada célula muscular puede vivir más de cien años, lo importante por tanto será no perderlas, consumiendo la dosis justa de proteínas para que no se consuma la reserva muscular, a la vez que se hace ejercicio para mantener el buen tono y evitar la atrofia de cada una de estas importantes células.

Tan importante o más es la necesidad de proteínas por parte

Las proteínas son también imprescindibles para mantener altas las defensas orgánicas. Es frecuente en la adolescencia la aparición de episodios infecciosos, debidos al ritmo o hábitos de vida y potenciados por una mala alimentación. La mala nutrición proteica tiene una relación directa con la mayor facilidad de contraer enfermedades infecciosas.

convirtiendo en epidemia de las sociedades desarrolladas. Se puede afirmar que estas enfermedades cardiovasculares, con el grave riesgo de un envejecimiento incluso cerebral prematuro, van forjándose, día tras día, con la mala constancia de una inadecuada dieta.

Sólo controlando las grasas, especialmente las de origen animal, se potencia la salud y la juventud real.

Vitaminas:
Todas las vitaminas son necesarias para un buen crecimiento, desde la vitamina A, imprescindible para la vista y que también tiene un papel antiinfeccioso, pasando por la vitamina D, esencial para la fijación del calcio, o las vitaminas del grupo B.

Grasas:
Se hace cada día más urgente alertar sobre los peligros que puede acarrear la dieta alta en grasa. Son numerosos los estudios que demuestran el aumento alarmante de colesterol en la población infantil y juvenil. La causa principal es la alimentación rica en grasas: comidas rápidas, consumo incontrolado de bollería, aumento exagerado de los embutidos.

Son jóvenes por fuera pero envejecen por dentro. Los infartos en edades tempranas se están

Hay que destacar la necesidad de vitamina C que tiene todo el colectivo de adolescentes y jóvenes y el cada vez menor consumo de los alimentos que la aportan.

Es muy frecuente en estas edades rechazar sistemáticamente las frutas, ensaladas y verduras. Pueden pasar meses sin probar alguno de estos productos. Se observa entre la juventud la aparición de síntomas que indican la carencia de vitamina C, como pueden ser: el sangrado de encías o nariz, la aparición de hematomas. Esta vitamina es imprescindible para la protección de todas las células del cuerpo, especialmente de los pulmones en caso de fumadores y necesaria para mantener un buen estado de defensas.

Calcio:

Se recomienda consumir diariamente 1.200 miligramos de calcio desde los 10 - 11 años hasta cumplir los 25, para potenciar el crecimiento y posibilitar una buena mineralización del hueso.

La ingesta de productos lácteos se hace muy importante en esta etapa de la vida. Los productos enriquecidos con calcio pueden ser una solución válida para alcanzar esta alta dosis necesaria para una ideal nutrición del esqueleto.

Magnesio:

Una parte importante del magnesio de los huesos se deposita en el momento de la formación ósea.

LA INGESTA DE PRODUCTOS LÁCTEOS SE HACE MUY IMPORTANTE EN ESTA ETAPA DE LA VIDA

Las necesidades de magnesio a estas edades se sitúa por encima de los 300 o 400 miligramos al día.

Este importante mineral implicado en más de 300 reacciones orgánicas se requiere en gran cantidad cuando el cuerpo está en pleno crecimiento.

Es frecuente la aparición de dolores en las articulaciones, sin que sean causados por ninguna enfermedad, que acostumbran a desaparecer al enriquecer la dieta con magnesio.

Las hormonas tiroideas son grandes reguladoras de todo el equilibrio corporal y hormonal, y sin yodo no se pueden fabricar.

El cerebro aún está en crecimiento y este elemento se hace imprescindible para asegurar y completar su total desarrollo.

Se debe insistir en la conveniencia de consumir productos del mar: algas, pescados, mariscos. Pueden ser frescos, congelados, o en conserva, afortunadamente siempre mantienen sus dosis de yodo.

Hierro:
Las jóvenes, a partir de la aparición de la menstruación, deben aumentar el consumo de alimentos ricos en hierro, para conseguir que su dieta contenga unos 18 miligramos de este mineral al día.

Los productos elaborados con harinas refinadas, la bollería, las golosinas, los refrescos, no aportan hierro o lo hacen en dosis bajísimas.

La presencia de vitamina C se hace imprescindible para una buena asimilación del hierro.

Yodo:
Es importantísimo que en este período de grandes cambios y de maduración hormonal, la dieta contenga niveles altos de yodo.

Intolerancia femenina al alcohol

La mujer tiene menor tolerancia al alcohol que el hombre, es una realidad biológica que se debe conocer y aceptar.

Todo consumo de alcohol, antes de haber finalizado el crecimiento, es seriamente peligroso para el organismo. Se puede afirmar que el hígado de una persona adolescente no está capacitado para metabolizar el alcohol como

lo estará cuando sea adulto, por lo que el alcohol consumido daña más sus tejidos y también al cerebro.

En el caso de mujeres adolescentes el peligro de llegar con facilidad a un coma etílico aumenta considerablemente.

La plaga social del consumo de bebidas alcohólicas por parte de los jóvenes se paga con muchas muertes al año y con discapacidades de por vida.

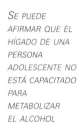

SE PUEDE AFIRMAR QUE EL HÍGADO DE UNA PERSONA ADOLESCENTE NO ESTÁ CAPACITADO PARA METABOLIZAR EL ALCOHOL

ADOLESCENCIA Y PRIMERA JUVENTUD **7 menús**

DESAYUNO 1

Cereales con leche y
frutos secos

DESAYUNO 2

Bocadillo de queso
Zumo de frutas

DESAYUNO 3

Tostadas con jamón
Yogur con 1 pieza de
fruta

ALMUERZO

Ensalada
Tortilla de patatas
Fruta

CENA

Puré de calabaza o verduras
Empanadillas o croquetas
Queso fresco con miel

ALMUERZO

Arroz con verduras
Pollo o conejo
Fruta

CENA

Sopa de pasta
Pescado frito o a la plancha,
ensalada
Queso

ALMUERZO

Ensalada con atún o sardinas
Puré de legumbres
Yogur

CENA

Crema de calabacín y queso
Pescado al horno con patatas
Higos secos y almendras

ALMUERZO

Gazpacho
Potaje de legumbre con
carne o bacalao
Yogur

CENA

Ensalada de arroz
Pescado frito
Fruta

ALMUERZO

Pasta con salsa de tomate
Pescado al horno con verduras
Fruta

CENA

Ensalada de patata
Tortilla de verduras
Cuajada

ALMUERZO

Espárragos
Sepia con guisantes y patatas
Fruta

CENA

Tomates con huevo duro
Pizza
Helado

ALMUERZO

Pasta con verdura
Carne
Fruta

CENA

Ensalada con maíz y queso
Yogur con uvas pasas
y dátiles

Menús de adelgazamiento para la adolescencia y primera juventud

Hacer una buena dieta de adelgazamiento no es peligroso para la salud, al contrario, beneficia al organismo en general y potencia el crecimiento. Puede ser incluso una prevención para muchos casos de anorexia.

Hay que escuchar a los jóvenes y si no se sienten bien con su cuerpo ayudarlos a conseguir un peso más correcto a través de una dieta que les haga perder grasa, pero no salud y vitalidad. Si no lo hacen por este buen camino es más fácil que entren en prácticas alimenticias muy peligrosas.

CONSEGUIR UN PESO MÁS CORRECTO A TRAVÉS DE UNA DIETA QUE LES HAGA PERDER GRASA, PERO NO SALUD Y VITALIDAD

Antes de comenzar cualquier dieta de adelgazamiento se requiere una revisión médica.

Es imprescindible, cuando una mujer joven hace dieta de adelgazamiento, vigilar sus niveles de hierro, siempre se debe mantener un control analítico, y lo más recomendable casi siempre es tomar un suplemento de hierro, así se evitarán muchos problemas, entre ellos los desarreglos menstruales.

Suprimir azúcar y golosinas, miel, bebidas dulces y pan.

Beber líquido en abundancia es absolutamente necesario: agua, agua con zumo de limón y endulzado con adulcorantes o infusiones. Se puede consumir algún refresco sin azúcar esporádicamente.

alimentos

Leche
Queso
Yogur
Postres lácteos
Productos lácteos
  ricos en calcio
Pescados
Mariscos
Conservas de pescado

Carnes
Jamón magro
Huevos
Legumbres
Ensaladas
Frutas
Zumos de frutas
Frutos secos
Cereales integrales

Pan
Arroz
Pasta
Patatas
Maíz

Estos alimentos son los más aconsejables en la etapa de crecimiento, para asegurar una dieta correcta. Es conveniente tenerlos presentes y que se conviertan en los protagonistas principales de las comidas diarias.

ADELGAZAMIENTO # 7 menús

DESAYUNO 1,2,3

Tortilla de espinacas
Queso
Yogur
Agua o infusión

ENTRE HORAS O A MEDIA TARDE

20 almendras
2 quesitos de dieta
1 lata de berberechos o de cualquier conserva de pescado o marisco
Zanahorias
Agua o infusión

ALMUERZO

Cogollos con anchoas y queso
Lomo a la plancha
20 almendras o 20 avellanas

CENA

Caldo con jamón y perejil picados
Calamares a la plancha, tomate
1 yogur

ALMUERZO

Setas salteadas con jamón
Cordero a la plancha o al horno
20 almendras O 15 nueces

CENA

Ensalada con atún
Pescado a la plancha o al horno
1 yogur

ALMUERZO

Espárragos con salsa mayonesa
Pescado azul
Yogur

CENA

Tomates con queso fresco
Hamburguesa a la plancha
1 cuajada

DESAYUNO 4, 5, 6 y 7

1 fruta o un vaso de leche
2 tostadas de pan integral
con jamón

ENTRE HORAS O A MEDIA TARDE

1 fruta / 1 yogur

ALMUERZO

Ensalada con 3 cucharadas
soperas de lentejas hervidas
Mejillones
1 yogur

CENA

Crema de calabacín y queso
Pollo a la plancha
1 fruta

ALMUERZO

Judía tierna con tomate y
huevo duro
Conejo
1 fruta

CENA

Sopa de pasta
Sepia a la plancha
1 yogur

ALMUERZO

Espinacas salteadas con jamón
Pavo
Queso fresco

CENA

Tortilla o revuelto de verduras
o espárragos o setas
Pescado a la plancha o al horno
1 fruta

ALMUERZO

Ensalada de arroz
Gambas o langostinos
1 fruta

CENA

Tomates y pimientos asados
con atún y queso
1 yogur

controlar el

La incidencia de estreñimiento es muy superior entre la población femenina que en la masculina. El problema aparece o se agudiza normalmente desde el desarrollo adolescente.

Toda mujer se debe concienciar desde muy joven de lo importante que es para la salud controlar un ritmo de deposiciones normal. En la dieta se debe encontrar la solución y no caer, casi desde niñas, en el uso y abuso de los laxantes.

A lo largo de la vida de la mujer se presentan circunstancias que pueden agravar el estreñimiento, como son los embarazos, o los cambios hormonales, por ello deben conocer las normas que lo controlan realmente.

Pautas para evitar el estreñimiento:

Se requiere de un plan estratégico que ataque el problema desde todos los frentes implicados. Es necesario comprender que no se errradicará con una sola norma o pauta sino cumpliendo las cinco que se proponen conjuntamente.

Realizar una dieta alta en fibra que contenga unos 70 gramos de fibra dietética al día.

Consumir diariamente 2 o 3 yogures con bacterias lácticas tipo bífidos.

No suprimir el aceite de la dieta, cómo mínimo se deben tomar dos cucharadas soperas diarias.

Beber abundante agua o infusiones que no sean laxantes, 2 litros al día es una cantidad adecuada.

Caminar o hacer ejercicio.

Si se cumplen estas cinco pautas se soluciona el estreñimiento.

Para controlarlo con mayor seguridad, es recomendable el consumo de algún alimento especialmente rico en fibra como son las semillas de lino.

EN LA DIETA SE DEBE ENCONTRAR LA SOLUCIÓN Y NO CAER EN EL USO Y ABUSO DE LOS LAXANTES

alimentos

Cereales integrales	Frutas: ciruelas, naranjas y kiwi
Pan integral	Frutas secas dulces
Galletas integrales	Frutos secos
Arroz integral	Aceite
Legumbres	Yogures tipo bífidos
Verduras: especialmente de hoja	Miel

7 menús

DESAYUNO 1

Yogur con ciruelas pasa y semillas de lino
Pan integral con tomate y aceite
Infusión con miel

DESAYUNO 2

Yogur con cereales integrales, 1 kiwi y semillas de lino
Tortillas con espinacas
Infusión con miel

DESAYUNO 3

Queso fresco con miel y semillas de lino
Zumo de naranja con cereales integrales

ALMUERZO

Col con patata
Pollo a la naranja
Kiwi

CENA

Ensalada de endibias y aguacates
Pan integral con jamón
Yogur con dátiles y semillas de lino

ALMUERZO

Arroz integral con setas
Conejo con pimientos y berenjenas
Kiwi

CENA

Sopa de verduras y fideos
Pescado con tomate
Yogur con ciruelas y semillas de lino

ALMUERZO

Gazpacho
Legumbre con bacalao
Yogur con semillas de lino

CENA

Ensalada
Pescado con patatas
Higos en compota

ALMUERZO

Ensalada de berros
Potaje de legumbres con acelgas y
carne
Yogur con semillas de lino

CENA

Tomates rellenos de arroz integral
y atún. Sardinas
Kiwi

ALMUERZO

Ensalada con pasta
Pescado con cebolla
Naranja con dátiles

CENA

Verdura con patata
Tortilla de cebolla y perejil
Yogur con semillas de lino

ALMUERZO

Ensalada de tomate,
patata y aceitunas
Mejillones con cebolla
Macedonia de frutas

CENA

Tortilla de verduras
Pan integral con jamón
Queso fresco con nueces
y miel

ALMUERZO

Lasaña o canelones de espinacas
Carne con setas
Zumo de naranja

CENA

Ensalada con queso
Yogur con semillas de lino
y una fruta

semillas de lino

Las semillas de la planta *Linum usitatisimum,* de la familia de las lináceas, contiene una abundante cantidad de fibra dietética con un 6 por ciento de mucílago y gran capacidad de retención de agua.

Estás semillas se comercializan normalmente semiprensadas, lo que permite a sus sustancias mucilaginosas retener agua en su interior y al no ser absorbidas en el aparato digestivo aumentan mucho el volumen de las heces y las hace más fluidas, a la vez que provocan un mayor peristaltismo del intestino y hacen que éstas progresen en su recorrido intestinal solucionando eficazmente el estreñimiento.

El agradable sabor de estas semillas permite añadirlas en la elaboración de muchos panes y galletas para conseguir una mayor dosis de fibra.

Se pueden consumir dejándolas macerar en agua durante unas horas o bien mezclándolas con yogur u otros alimentos.

Es una buena norma añadir una cucharada sopera de semillas de lino a cada yogur que se consuma, lo que hace un total de dos o tres cucharadas soperas al día. Estas semillas también se pueden triturar.

os problemas

La molesta sensación de tensión premenstrual, los dolores que acompañan la regla, son problemas, en la salud y la vida de algunas mujeres, que en gran parte pueden disminuir o paliarse con unas determinadas pautas dietéticas.

Esta afirmación se basa en la situación de inflamación que es la principal causante de las molestias y que puede controlarse cambiando las grasas que componen la alimentación diaria.

Existen grasas que al llegar a formar parte de la grasa corporal sirven como materia prima para que el organismo fabrique unas sustancias que provocan inflamación, mientras que con otro tipo de grasas ocurre justo lo contrario, son precursoras de sustancias antiinflamatorias.

Para conseguir un aporte importante de estas últimas se debe potenciar sobre todo la ingesta de pescado y de todos los alimentos que contengan ácidos grasos omega-3.

Para disminuir al máximo los precursores de sustancias inflamatorias es imprescindible suprimir carnes grasas y todos sus derivados, margarina, mantequilla, nata, bollería, y utilizar como único aceite el de oliva.

Si se practica esta dieta durante unos meses, el cambio puede ser espectacular. A la vez que es una alimentación altamente saludable.

SE DEBE POTENCIAR SOBRE TODO LA INGESTA DE PESCADO Y DE TODOS LOS ALIMENTOS QUE CONTENGAN ÁCIDOS GRASOS OMEGA-3

alimentos

Bebidas de soja
Arroz integral
Tortitas de arroz
Cebollas
Pimientos
Berenjenas
Calabacines
Lechugas

Berros
Pescados
Calamar y sepia
Mejillones y
 moluscos
Gambas y
 langostinos
Espárragos
Setas

7 menús

DESAYUNO 1

Yogur desnatado con
cereales integrales
Infusión de salvia

DESAYUNO 2

Bebida de soja
Pan integral con
jamón de pavo
Infusión de salvia

DESAYUNO 3

Bebida de soja con
cereales integrales
Piña natural
Infusión de salvia

ALMUERZO

Arroz integral con cebolla
y pimientos asados
Pescado blanco a la plancha
Infusión de salvia

CENA

Espárragos con vinagreta
Tortilla de espinacas
Yogur desnatado con dátiles

ALMUERZO

Ensalada con arroz integral
Pavo a la plancha
Manzana asada

CENA

Crema de calabacín con
queso desnatado
Pescado blanco con patatas
al vapor
Infusión de salvia

ALMUERZO

Ensalada de tomate con garbanzos
Mejillones al vapor
Yogur desnatado

CENA

Arroz integral con cebolla asada
Pescado blanco
Infusión de salvia

ALMUERZO

Ensalada de endibias y lentejas
Bacalao a la plancha o hervido
Infusión de salvia

CENA

Arroz integral con cebolla asada
Gambas hervidas o a la plancha
1 yogur desnatado

ALMUERZO

Ensalada de berros, cogollos
y zanahorias
Pescado azul
Yogur desnatado

CENA

Pimientos, berenjenas y
cebollas asadas
Calamar a la plancha
Fruta

ALMUERZO

Patatas y guisantes
Sepia a la plancha
Fruta

CENA

Ensalada con maíz
Revuelto de espárragos
Yogur desnatado

ALMUERZO

Ensalada con pasta
Conejo con setas
Fruta

CENA

Pan integral con jamón de pavo
Yogur con dos piezas de fruta

la salvia

Esta planta vivaz, cuyo origen se sitúa en el mediterráneo, es altamente beneficiosa para la mujer.

La salvia tiene muchas virtudes y propiedades, es antiséptica, antisudorífica, antiespasmódica y digestiva.

Su consumo continuado es una ayuda eficaz para combatir la tensión menstrual y los dolores que sufren algunas mujeres.

Si junto con la dieta propuesta, que tiene como objetivo principal el control de la ingesta de grasas, se añade un suplemento de salvia diario (muy especialmente a partir de los días de la ovulación hasta la aparición de la siguiente regla), las molestias van disminuyendo mes tras mes hasta llegar a desaparecer totalmente en la mayoría de los casos.

Los ciclos menstruales no deberían ser un problema para la mujer y hay que intentar métodos saludables para lograrlo.

Entre los principios activos que contiene la salvia se encuentran una alta proporción de flavonoides, muy beneficiosos para el aparato circulatorio.

Beber aproximadamente un litro de infusión de salvia a diario es una dosis aconsejable.

La farmacopea moderna facilita el consumo de plantas medicinales presentándolas en forma de cápsulas y comprimidos. Al tomarlos bebiendo agua, la infusión se realiza en el estómago y los principios de la planta se aprovechan plenamente.

Es una pauta muy sencilla, adaptable a cualquier ritmo de vida, tomar unos 4 o 6 comprimidos o cápsulas, repartidas a lo largo del día.

La salvia, con su agradable sabor, tiene amplias aplicaciones culinarias, sus hojas frescas picadas son excelente condimento para sopas, purés, guisados o quesos frescos.

alimentación para evitar

Una gran parte de la población femenina sufre problemas de anemia. La falta de glóbulos rojos, niveles bajos de hemoglobina, baja reserva de hierro, son aspectos habituales en sus análisis sanguíneos.

Estos problemas se deben aprender a combatir con la dieta.

La mayoría de proyectos para la educación sanitaria contemplan como una prioridad que las mujeres en edad fértil conozcan los alimentos ricos en hierro y aumenten su consumo con el fin de disminuir la incidencia de anemias.

Son varios los nutrientes imprescindibles para la correcta fabricación de los glóbulos rojos. Se comportan como un equipo, que no puede funcionar si le falla cualquiera de los elementos constituyentes del mismo. Sólo teniéndolos a todos en cuenta se conseguirá una dieta realmente eficaz para combatir las anemias.

Nutrientes necesarios para evitar las anemias

Vitamina B12:

Esta vitamina es exclusiva de los alimentos de origen animal: leche y derivados, carnes, pescados y huevos son las fuentes habituales que la aportan.

Ácido fólico:

Es uno de los constituyentes necesarios para la elaboración de los glóbulos rojos (eritrocitos) y los glóbulos blancos (leucocitos) en la médula espinal y para su correcta maduración.

Vitamina B6:

La "piridoxina" o vitamina B6 es necesaria para la formación de la hemoglobina.

Un tanto por ciento de mujeres que toman anticonceptivos orales tienen síntomas sugerentes de una deficiencia de esta vitamina, como son: depresión, malestar general e intolerancia a la glucosa. Estas alteraciones desaparecen al suplementar su dieta con piridoxina.

Los alimentos que la aportan en mayor cantidad son las levaduras, el germen de trigo, los pescados (sobre todo los azules), las carnes (especialmente de: cerdo, caballo, conejo y las de aves), los hígados, los frutos secos y los cereales integrales. También tienen altas dosis de vitamina B6 las legumbres, pero no resulta muy asimilable. Los

SON VARIOS LOS NUTRIENTES IMPRESCINDIBLES PARA LA CORRECTA FABRICACIÓN DE LOS GLÓBULOS ROJOS

lácteos, huevos, frutas y verduras no tienen buenas concentraciones.

Vitamina C:

Esta vitamina favorece la asimilación del hierro, y alarga la vida de las células sanguíneas. El consumo continuado de vegetales crudos y frutas es imprescindible en la lucha contra las anemias.

Hierro:

Este mineral, como ya se ha explicado, es el que hace posible el transporte de oxígeno en los glóbulos rojos.

La dosis inadecuada de hierro en la dieta es la causa principal de anemias en todo el mundo y en especial entre la población femenina.

El consumo continuado de antiácidos, como el bicarbonato, disminuye, de una manera muy importante, la absorción del hierro.

Cobre:

La deficiencia de cobre se manifiesta por una incapacidad de absorber hierro a través del intestino, lo que desencadena anemias.

Una dieta variada asegura ampliamente el aporte necesario de cobre, la carencia puede aparecer en dietas monótonas a base de carnes, cereales refinados y leche y sus derivados, que son alimentos relativamente pobres en este mineral. Un exceso de fibra también puede provocar deficiencias de cobre, al igual que el uso continuado de laxantes que disminuye de una manera muy importante la absorción de cobre y hierro.

Son buenas fuentes de cobre: el germen de los cereales, los cereales integrales, las legumbres, los mariscos y los frutos secos.

Todas la dietas de este libro están pensadas para luchar contra la tendencia importante que tiene la mujer a padecer anemias, si además se suplementa con una buena dosis diaria de perejil, sus efectos se potenciarán mucho más. Los menús equilibrados para cada etapa de la vida tienen todos los nutrientes necesarios para evitar las anemias.

el perejil

Una planta tan humilde y abundante como el perejil puede ser de gran ayuda para combatir y evitar las anemias.

Esta planta vivaz, originaria del sur de Europa, la utilizaron médicos famosos de la Antigüedad como Hipócrates o Galeno y formó parte fundamental de los medicamentos medievales. Son muchas las leyendas que a lo largo de siglos se han creado sobre el perejil, muchas de ellas absolutamente falsas.

La ciencia moderna puede asegurar que no contiene ninguna sustancia tóxica para el ser humano, a la vez que su análisis lo valora como uno de los alimentos más ricos en hierro (de 5 a 20 miligramos por cada 100 gramos, dependiendo de la tierra donde se cultiva), especialmente alto en potasio (800 miligramos) y aún más en calcio (200 miligramos), es también uno de los vegetales que aporta más zinc y cobre.

Una de las sorpresas que depara el perejil es su dosis de vitamina C, con 200 miligramos por cada 100 gramos, esto hace que cuatriplique la de las naranjas (50 miligramos), destacando igualmente en provitamina A y vitaminas B.

Introduciendo perejil crudo en todas las comidas se consigue aumentar el nivel de estos nutrientes tan importantes. Añadir perejil a las ensaladas y sobre los purés, setas, pescados, huevos..., resulta agradable y sabroso.

Al cocerlo se pierde vitamina C, porque el calor destruye esta frágil vitamina, pero su contenido mineral no se altera y se conserva incluso en el perejil seco.

Dos cucharadas soperas de perejil picado a diario producen efectos muy beneficiosos en casos de anemia.

Dieta diurética

El acúmulo de grasa y líquido que sufre la mujer (definido bajo el nombre de celulitis) puede ser un problema estético y también de salud.

No está relacionado forzosamente con el sobrepeso, se da en muchas personas delgadas. Además del ejercicio y los masajes que son dos pautas excelentes para controlar la celulitis, la alimentación juega un papel fundamental para combatirla y evitarla.

LA ALIMENTACIÓN JUEGA UN PAPEL FUNDAMENTAL PARA COMBATIR Y EVITARLA LA CELULITIS

Son varios los factores nutricionales a tener en cuenta para hacer una buena dieta anticelulitis, entre ellos la dosis de hierro, el tipo de hidratos de carbono que se consuman en mayor cantidad, las grasas y el reparto de la comida a lo largo del día.

Para evitar la retención de líquido se debe controlar la cantidad de sodio (principal componente de la sal) de la dieta y establecer un buen equilibrio entre el potasio y el sodio para conseguir un efecto diurético.

El sodio es el principal responsable de atraer y retener agua en el interior del cuerpo. Sin sodio se provocaría una deshidratación y no sería posible la vida, pero el exceso de este mineral aumenta el volumen de líquido en el organismo y lo concentra en la zona extracelular de los tejidos provocando un encharcamiento o edema.

El potasio tiene importantes funciones en el organismo, interviniendo en la conducción y retransmisión del impulso nervioso y el transporte de glucosa a través del intestino, entre otras. Cuando escasea el potasio la acción cardíaca se deprime y aparece un estado de cansancio con falta de fuerzas físicas y psíquicas.

Para conseguir una dieta diurética que ayude a la eliminación de líquido y a evitar su retención, se debe bajar la dosis de sodio. Por ello lo más importante es no salar o salar muy poco los alimentos, a la vez que se evitarán los productos salados como son: embutidos, salsas y conservas en sal o la comida precocinada.

El efecto diurético de un alimento depende de la relación entre sus concentraciones potasio/sodio, cuanto más rico en potasio sea y más bajo en sodio tendrá mayor poder de potenciar la eliminación de líquido. Éste es el motivo por el cual además de bajar el contenido en sodio de la dieta se debe aumentar la dosis de potasio.

Por ejemplo, muchos vegetales como pueden ser: los calabacines (290 miligramos de potasio y 1,7 miligramos de sodio por cada 100 gramos), las patatas (430 dc potasio y 6 de sodio), los plátanos (320 de potasio y 1,5 de sodio) o las almendras (750 de potasio y 4,5 de sodio), tienen fuertes efectos diuréticos.

En general, los alimentos ricos en potasio y pobres en sodio son: frutas, verduras, tubérculos, legumbres y frutos secos.

Evitar la formación de grasa

El cuerpo femenino tiene mayor facilidad de fabricar grasa que el masculino.

El tanto por ciento de grasa en la composición corporal de la mujer es superior a la del hombre, debido a un resorte de supervivencia de la especie que aseguró, a lo largo de siglos de adaptación en este planeta, una reserva de grasa para poder llevar a término los embarazos.

El organismo femenino está más adaptado a la grasa.

Este fenómeno, como todo en esta vida, tiene una cara positiva y otra negativa. Por un lado la grasa es menos perjudicial para la salud de la mujer, su cuerpo se ha acostumbrado a resistirla y ello conlleva menos enfermedades cardiovasculares. Desde otro punto de vista, bajo el prisma estético actual, la grasa en exceso resulta indeseable.

Sería altamente saludable desde todos los puntos de vista: físico, psíquico y social, comprender y aceptar la presencia de grasa en el cuerpo de la mujer como algo natural.

Sin llegar a obsesionarse, es bueno combatir el exceso de grasa, a la vez que se aprende a descubrir la belleza de un modo particular, sin tener que cumplir con unos patro-

SIN LLEGAR A OBSESIONARSE, ES BUENO COMBATIR EL EXCESO DE GRASA

nes fijos e inalcanzables, en la mayoría de los casos, debido a los límites que impone la naturaleza a cada mujer.

La formación de grasa en general y de celulitis en particular se ve favorecida por una dieta alta en hidratos de carbono de absorción rápida y con un gran contenido graso.

Control de los hidratos de carbono

Los alimentos que aportan hidratos de carbono de absorción rápida son: las frutas, la leche, el azúcar y la miel. Al ingerirlos, los azúcares que contienen estos productos entran en la sangre con gran facilidad, provocando una brusca subida de azúcar en la misma. El organismo para mantener el nivel correcto en sangre transforma estos azúcares en grasa y la transporta al tejido adiposo, almacenándola como material de reserva.

Los tres hidratos de carbono simples que contienen estos alimentos son la glucosa, la fructosa y la galactosa. De ellos, el que más rápidamente se transforma en triglicéridos es la fructosa, motivo

por el cual, al comer frutas, azúcar o miel en gran cantidad (alimentos que contienen fructosa) se favorece la formación de grasa.

En una dieta anticelulítica se suprimirá alguno de estos alimentos o se moderará mucho su consumo.

Los cereales y todos sus derivados, las legumbres y los frutos secos contienen hidratos de carbono de absorción lenta. La glucosa que los forman pasa a la sangre a un ritmo lento, lo que permite que se vaya utilizando y quemando progresivamente como fuente de energía y no se transforme en grasa.

El hidrato de carbono de las patatas es de absorción más rápida que estos últimos alimentos mencionados, sin llegar a serlo tanto como el de las frutas, leche, azúcar y miel.

Es importante recordar que una dieta alta en fibra enlentece la velocidad de absorción de los azúcares, por lo que será de gran ayuda en la dieta anticelulítica consumir alimentos con mucha fibra.

Al confeccionar o escoger un menú, hay que tener en cuenta el contenido de hidratos de carbono de todos sus ingredientes. La suma total de los azúcares que aportan los alimentos de una comida termina pasando a

la sangre y si produce elevación del nivel de glucosa en sangre, facilita la formación de grasa.

Repartir los alimentos en varias tomas a lo largo del día ayuda a no hacer comidas muy copiosas y evita la saturación de la sangre y la producción de celulitis.

El control de las grasas

Hay que evitar un alto contenido en grasa en la dieta contra la celulitis, para ello se debe: moderar el consumo de aceite, suprimir las carnes grasas y sus derivados, eliminar los productos elaborados con azúcar y grasas (bollería, dulces...), vigilar la composición de las salsas y vigilar la ingesta de productos lácteos con todo su contenido en nata.

Todas las dietas de este libro evitan la formación de celulitis, en especial las de adelgazamiento adecuadas a cada etapa de la vida.

El hierro: imprescindible para combatir la celulitis

Un nivel de hierro bajo en sangre es un problema típicamente femenino.

La capacidad de captar más o menos oxígeno depende directamente de la cantidad de hierro que tengan los glóbulos rojos. La celulitis se convierte en una grasa que, por falta de oxigenación, no se quema y se queda acumulada. Es por ello imprescindible, para eliminar la celulitis, combatir la carencia de hierro.

Para que una dieta tenga un efecto claramente anticelulítico debe aportar cantidades altas de hierro.

ES IMPRESCINDIBLE, PARA ELIMINAR LA CELULITIS, COMBATIR LA CARENCIA DE HIERRO

alga fucus

El fucus es una de las algas más abundantes en las costas de los mares del norte. Sobresale su riqueza en yodo, con un contenido que alcanza los 30.000 microgramos por cada 100 gramos de alga seca, se convierte en el mejor suplemento natural para asegurar una buena ingesta de yodo. Basta consumir de 2 a 4 gramos de alga seca para cubrir las necesidades diarias (se conoce por importantes estudios que no es perjudicial para la salud aumentar la dosis ampliamente).

El yodo es imprescindible para la fabricación de las hormonas tiroideas y éstas, a su vez, lo son para liberar las reservas de grasa. Por ello en una dieta anticelulítica se debe consumir yodo en abundancia.

El alga fucus tiene una dosis altísima de fibra (40 por ciento), formada principalmente por un mucílago capaz de retener de 8 0 a 100 veces su peso en agua, por lo que se convierte en un aliado contra el estreñimiento, a la vez que tiene un gran poder de saciedad y enlentece la absorción de los hidratos de carbono y la grasa.

Por todos estos motivos un suplemento de fucus diario será un buen aliado en la lucha contra la celulitis.

la piel

la piel

La piel es el tejido más visible y extenso que define, limita y protege a cada persona. Se caracteriza por ser el mayor órgano del cuerpo y vive en estrecha relación con todo el organismo. Su salud, aspecto y resistencia depende directamente del estado de los órganos internos y de todo el metabolismo en general.

La alimentación es el factor más importante para el cuidado y conservación de la piel y así hacer posible sus funciones.

No por ser superficial es menos fundamental que otras partes del cuerpo, antes al contrario, el buen estado de este vital órgano influye en toda la salud en general, tanto física como psíquica, a la vez que avisa y alerta sobre posibles alteraciones interiores y deficiencias de nutrientes. Ningún tejido se ve tan afectado por una dieta insuficiente. Es una amabilidad por parte de la naturaleza enviar un sinfín de señales, a través de la piel, sobre las carencias alimenticias y de incipientes alteraciones que muchas enfermedades causan en el interior del organismo.

Constituida por dos capas es como una planta que crece de abajo arriba, recibe los nutrientes a través de la sangre y es uno de los tejidos de más rápida regeneración. Su renovación constante requiere un aporte importante de sustancias para la formación de las nuevas células, destacando de una manera especial: las proteínas, los ácidos grasos insaturados, la vitamina A, los carotenos, la vitamina C y las vitaminas del grupo B.

Una dieta que aporte y asegure las dosis correctas de estos nutrientes permitirá mantener la piel en un perfecto estado de salud y belleza. Si se practica con asiduidad se pueden apreciar los efectos reales de rejuvenecimiento que este tipo de alimentación ejerce sobre el tejido cutáneo.

ES UNA AMABILILIDAD POR PARTE DE LA NATURALEZA ENVIAR UN SINFÍN DE SEÑALES, A TRAVÉS DE LA PIEL

Necesidades nutrientes
para la piel

Proteínas:

Son muchas las proteínas que se encuentran en las dos capas de la piel (la dermis y la epidermis), destacando entre ellas "la queratina", una proteína fibrosa con un alto contenido de azufre. Para la formación de todas estas proteínas, que, a través del proceso de descamación normal de la última capa de la piel, se eliminan y no se pueden reciclar dentro del organismo, es necesario un aporte continuo de ellas por medio de una buena alimentación.

EN CASOS DE ALERGIAS CUTÁNEAS, UTILIZAR "ACEITE DE OLIVA VIRGEN"

Una dieta baja en proteínas es un factor de envejecimiento cutáneo que potencia la fragilidad de la piel.

Consumir alimentos ricos en proteínas y repartirlos durante el día es imprescindible para una buena regeneración cutánea.

El ciclo vital de las células de la piel, en el ser humano, oscila entre 13 y 100 días y su capacidad regenerativa es de las más altas del organismo. Pensar que en un período tan corto de tiempo se renueva la piel hace comprender que para hacerlo con corrección necesita, de una manera continua, todas las piezas adecuadas.

Ácidos grasos poliinsaturados:

La integridad de las estructuras de la piel, su metabolismo, el mantenimiento del espesor normal y de su hidratación, dependen directamente de los ácidos grasos insaturados.

Una de las causas fundamentales de la hermosa piel de los habitantes, y en particular las mujeres, de los países mediterráneos es el consumo de aceite de oliva. La calidad y la juventud del tejido cutáneo que se aprecia en esta zona, en comparación con otros países, es sobresaliente.

En casos de alergias cutáneas, utilizar "aceite de oliva virgen", como "única" grasa para cocinar y aliñar todas las comidas, da resultados muy positivos e incluso espectaculares.

Es de vital importancia para la piel el buen aporte de los ácidos grasos de la familia omega-6, por ello el consumo de alimentos como los aguacates, las aceitunas, las legumbres, los cereales integrales, o suplementos como el germen de trigo y el aceite de onagra prímula o de aceite de borraja, son imprescindibles y beneficiosos.

Vitamina A:
Esta vitamina es imprescindible para la integridad de los epitelios, tanto de la piel como de las mucosas interiores, por ello se la llama vitamina antiinfecciosa, porque manteniendo la estructura de estos tejidos impide que se "agrieten", y conservando su función de barrera impide la entrada de microorganismos infecciosos.

Pescados blancos y azules será una de las fuentes de vitamina A más adecuados para la piel.

Carotenos:
En el mundo vegetal se encuentran en abundancia una serie de sustancias, los carotenos, algunos de ellos son precursores de vitamina A.

Estos productos son hermosos colorantes de tonalidades amarillo-anaranjado-verdosas.

Su consumo, incluso en grandes cantidades, no es perjudicial para el organismo. Una parte de los carotenos, que se toman con los alimentos, se transforman en vitamina A y otra, se almacena bajo la piel ejerciendo un papel protector importantísimo, a la vez que colorea agradablemente el tejido cutáneo.

En casos de acné, impurezas, o malas tonalidades de la piel, introducir en la dieta diaria importantes dosis de: zanahorias, frutas tropicales, frutas de primavera, pepino, melón y polen, es una excelente solución.

Vitamina C:
Con la edad se produce una disminución del colágeno de la piel y esto da lugar a una pérdida de elasticidad y a la producción de las arrugas.

Para la formación de colágeno es imprescindible la vitamina C, por ello el consumo diario de frutas y ensaladas se convierte en una pauta de antienvejecimiento.

La vitamina C tiene además un gran papel antioxidante y por tanto protector de todas las células.

Esta imprescindible sustancia, que el ser humano no puede fabricar, se gasta con rapidez y facilidad por lo que se debe introducir "diariamente" en el organismo a través de los alimentos.

EN CASOS DE ACNÉ, INTRODUCIR EN LA DIETA DIARIA IMPORTANTES DOSIS DE ZANAHORIAS

Vitaminas del grupo B:

La carencia de la mayoría de vitaminas B tiene una incidencia directa en la piel: dermatitis, sequedad, mala regeneración.

El consumo de cereales integrales ha solucionado la falta de estas vitaminas en amplios grupos de población. Estos alimentos junto con: levaduras, germen de trigo, legumbres, carnes, pescados, huevos y lácteos aseguran una dieta correcta, en estos nutrientes, que también beneficiará a la piel.

Agua: imprescindible para la piel

Cada día se evaporan de 300 a 600 centímetros cúbicos a través de la piel (sin sudar), este tejido que se seca permanentemente necesita una hidratación continua, sólo con una dieta que contenga la cantidad suficiente de agua (y también de aceite) se asegurará su correcto grado de humedad.

Si la temperatura ambiente es muy elevada, o si se suda copiosamente se pueden llegar a eliminar cantidades de hasta 5 litros.

En cada circunstancia se necesitará beber una cantidad determinada de líquido para reponer las pérdidas ocasionadas. Un mínimo de litro y medio al día es imprescindible para todo el organismo, el primer tejido que sufrirá los efectos de una ingesta insuficiente de agua será la piel.

La piel, un órgano de eliminación

Una de las funciones vitales de la piel es la de eliminación de deshechos y toxinas.

En un lenguaje coloquial se puede decir que lo que no es eliminado por el intestino o el riñón, el organismo intenta eliminarlo por la piel.

Mantener un buen ritmo de deposiciones, combatiendo el estreñimiento (véase pag. 89) y bebiendo una buena cantidad de líquido, a base de agua, infusiones, zumos y licuados, para favorecer la función renal serán dos bases fundamentales para conseguir una piel limpia en profundidad.

alimentos

Germen de trigo
Levadura de cerveza
Zanahorias
Calabazas
Cebollas
Ajos
Germinados
Frutas
Miel
Orejones
Pescados

germen de trigo

El germen de trigo es un alimento que ayuda a equilibrar una dieta en todos los nutrientes que necesita la piel. Su consumo habitual se puede convertir en el mejor cosmético.

El germen de todos los cereales es la parte del grano con una mayor proporción de proteínas (28 por ciento).

Contiene una importante dosis de vitaminas, minerales (especialmente zinc, hierro, magnesio y potasio), ácidos grasos insaturados y lecitina.

El germen de trigo que se encuentra en el mercado en forma de finísimos copos (del que también se extrae su aceite muy rico en ácidos grasos de la familia omega-6 y en vitamina E) es un excelente suplemento nutricional, de agradable sabor y fácil consumo.

7 menús

DESAYUNO

Licuado de zanaho-
rias con fruta y polen
Yogur con germen de
trigo y miel

ALMUERZO

Tortilla de calabaza
Carpaccio de salmón
Uvas

CENA

Ensalada de zanahoria con
soja germinada
Pollo a la plancha
Yogur

ALMUERZO

Ensalada de zanahorias con
arroz y sardinas de lata
Conejo al ajillo
Uvas

CENA

Licuado de zanahorias y fruta
Pescado con patatas
Yogur con germen de trigo

ALMUERZO

Ensalada de tomates con legumbres
Gambas a la plancha
Yogur

CENA

Ensalada con piña y atún y
germen de trigo
Tortilla de verduras
Infusión

ALMUERZO

Melón con jamón
Puré de legumbres
Yogur

CENA

Sopa de arroz y pescado
Yogur con orejones

ALMUERZO

Gazpacho
Pescado azul
Queso con miel

CENA

Col con cebolla y patatas
Huevos al plato
Uvas

ALMUERZO

Gazpacho
Sepia con guisantes
Yogur con levadura de cerveza

CENA

Ensalada de zanahoria con
alfalfa germinada
Pescado a la plancha
Uvas

ALMUERZO

Crema de calabaza
Carne con pimientos
Sorbete de limón

CENA

Ensalada con maíz y queso
Yogur con levadura de cerveza

y las uñas

el cabello

El cabello, además de sus efectos estéticos, tiene una finalidad y una función protectora cubriendo parte del organismo.

Nace en la capa interior de la piel (dermis), con su raíz en forma de bulbo se alimenta desde el interior de este tejido y allí se encuentra todo el tejido activo del cabello, cuando éste emerge de la piel está formado por tejido no vital.

La parte interior del cabello o médula actúa como vía de enlace entre la parte no vital o tallo y la activa de la raíz.

EL CABELLO ES
UN LUJO DE
MINERALES

Las fibras del cabello están compuestas por más de un 75 por ciento de proteínas de tipo fibroso (queratina), muy ricas en azufre, y en minerales especialmente: zinc, hierro y magnesio.

Se puede decir que el cabello es un lujo de minerales, por ello la carencia de estos elementos provoca caída y fragilidad del mismo.

las uñas

Son unas estructuras muy especializadas, con forma de lámina plana, cuya raíz está bajo la piel.

Están formadas por proteína (queratina), una pequeña porción de grasa y minerales, que como en el cabello, son fundamentales para su crecimiento y buen estado.

Aportando en la dieta estos nutrientes que son los constituyentes fundamentales de las uñas, se consigue que crezcan fuertes y sanas.

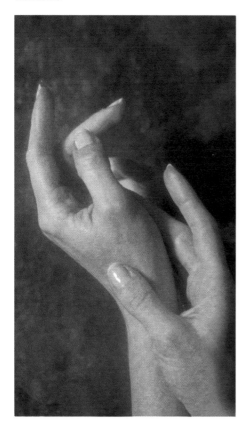

LOS CONSTITUYENTES FUNDAMENTALES DE LAS UÑAS, SE CONSIGUE QUE CREZCAN FUERTES Y SANAS

alimentos

Mariscos
Pescados
Algas
Frutos secos
Fruta seca
Berros
Endibias
Setas
Huevos
Jamón
Bebidas de soja
Productos lácteos

Necesidades nutrientes para el cabello y las uñas

Proteínas:

Los constituyentes principales del cabello y las uñas son las proteínas, al practicar una dieta baja en estos fundamentales nutrientes (como puede ser por ejemplo una dieta a base de frutas), se está poniendo en peligro la buena calidad, fortaleza y belleza de estas partes tan visibles del cuerpo, y por ello de tanta importancia estética.

Una alimentación en la que estén presentes los alimentos ricos en proteínas, y en especial con un buen contenido de aminoácidos que contengan azufre (cisteína, cistina y metionina) asegurará una buena calidad de cabello y uñas.

Grasas o lípidos:

Aunque en el cabello y las uñas las grasas están presentes en una pequeña proporción, son fundamentales para darles elasticidad y brillantez.

Una dieta muy pobre en grasas puede tener como consecuencia un cabello y unas uñas secas y quebradizas.

La dosis mínima de 10 gramos de aceite vegetal al día es imprescindible. El consumo de frutos secos: almendras, nueces, avellanas, será una gran ayuda para conseguir un buen aporte de ácidos grasos adecuados.

Minerales:

Las dietas insuficientes en hierro y magnesio tienen como una de las primeras manifestaciones la caída y poca abundancia de cabello y la fragilidad de las uñas. Se deben consumir los alimentos ricos en estos dos minerales para conseguir un cambio positivo.

El zinc se encuentra en mayor proporción en la piel, el cabello y las uñas que en cualquier otra parte del cuerpo, y su carencia puede ocasionar diversas lesiones en las uñas y caída de cabello o falta de crecimiento del mismo.

Es un elemento fundamental para la salud del organismo, con un papel protector contra el envejecimiento de las células, imprescindible para el crecimiento, la vista y la fertilidad (especialmente en el hombre).

El zinc llega a la sangre a través de la dieta y allí los diversos tejidos lo captan para su utilización. Es un mineral que no se almacena y el exceso se elimina con gran facilidad, por lo que el aporte alimenticio de zinc debe ser continuado.

Las fuentes dietéticas más importantes de zinc son: mariscos, germen de trigo, cereales integrales, bebidas de soja, legumbres, levadura de cerveza, frutos secos, quesos, huevos, carnes magras y setas.

EL ZINC SE ENCUENTRA EN MAYOR PROPORCIÓN EN LA PIEL, EL CABELLO Y LAS UÑAS QUE EN CUALQUIER OTRA PARTE DEL CUERPO

alga espirulina

Esta microalga unicelular de agua dulce es uno de los alimentos con mayor concentración de proteínas (60-70 por ciento). Sus dos variedades más importantes son originarias de México y del Chad, pero en la actualidad se cultiva en varios países por ser una fuente alimenticia de primera magnitud que puede colaborar a la correcta nutrición de gran parte de la población mundial.

En realidad la espirulina, más que una alga, es un plancton formado por un conjunto de seres vegetales y animales microscópicos, lo que le confiere y explica su altísimo contenido en vitamina B12 (1 gramo de espirulina seca cubre las necesidades diarias).

El consumo de espirulina supone un suplemento de vitaminas y minerales extraordinario; con una alta dosis de carotenos y de vitaminas del grupo B es un producto ideal para la piel.

Su altísimo contenido en hierro (53 miligramos por cada 100 gramos de alga seca), magnesio (165 miligramos) y especialmente en zinc (3,3 miligramos), del que es uno de los alimentos que lo aportan en mayor cantidad, hace de esta alga un suplemento idóneo para cuidar y reforzar cabello y uñas.

Otros minerales como son el calcio, potasio, manganeso se encuentran en gran concentración en la espirulina, a la vez que es muy pobre en sodio debido a su procedencia de lagos de alta montaña.

La suave fibra de esta alga es muy rica en mucílagos, que pueden dar sensación de saciedad y colaborar a controlar la ingesta alimentaria.

Se comercializa en forma de polvo seco de hermoso color verde, que le aporta su alto contenido de clorofila, o en forma de comprimidos.

Introducir en la dieta habitual una dosis de 2 a 10 gramos de alga espirulina seca será una ayuda para superar estados carenciales y reforzar todo el organismo en general y muy especialmente el cabello y las uñas.

7 menús

DESAYUNO

Queso con membrillo
y frutos secos
Bebida de soja con
cereales integrales

ALMUERZO

Ensalada de endibias con
lentejas y berberechos
Pollo al ajillo
Nueces

CENA

Ensalada de berros y boquerones
Tortilla de espinacas y jamón
Yogur

ALMUERZO

Arroz guisado con setas y algas
Hamburguesa de caballo
Piña

CENA

Patatas con salsa verde de perejil
Gambas a la plancha
Yogur

ALMUERZO

Aguacates con caviar
Pescado azul
Queso fresco

CENA

Ensalada con maíz, piña y jamón
Yogur con dátiles

ALMUERZO

Pasta con mejillones
Costillas de cordero
Kiwi

CENA

Pimientos asados con
filetes de caballa
Yogur con avellanas e higos secos

ALMUERZO

Ensalada de pepino con
salsa de yogur
Berenjenas guisadas con carne
Almendras

CENA

Crema de calabacín y queso
Pescado plancha o frito
Fruta

ALMUERZO

Ensalada con manzana y nueces
Tortilla de algas hijiki y cebolla
Cuajada

CENA

Guisantes con salmón
Compota de higos secos y
almendras

ALMUERZO

Mejillones al vapor
Pasta con calamares
Fruta

CENA

Espinacas con uvas pasas
y piñones
Tortilla de atún
Yogur

la joven edad adulta

la joven edad adulta

Atendiendo a la parte más profunda de una persona, sus huesos, y según los modernos estudios, se puede afirmar que la madurez física no se logra antes de los 25 años.

No iba errado Aristóteles, el sabio griego de la Antigüedad cuando decía que: "la perfección del cuerpo no se alcanza antes de los 35 años", y algo más hermoso aún, añadía: " y la del alma a partir de los 50".

El sentimiento de plenitud y madurez se alcanza en un momento determinado sobrepasados los 20 años. Por suerte, esta etapa de "joven edad adulta", cada vez dura más años.

Es la época de la independencia, de la toma de responsabilidades. Las variables circunstancias obligan a plantear una nueva organización de la vida.

Se tiene máxima capacidad para recibir y aprovechar las múltiples informaciones que ofrece la moderna sociedad.

Es una época ideal para adoptar hábitos saludables, recogiendo lo bueno del pasado, utilizando los múltiples adelantos y adaptándolo todo junto a un nuevo estilo de vida.

La mujer se ha incorporado de lleno a la vida del trabajo fuera de casa, pero no abandona el cuidado del hogar.

Aunque viva sola, organiza su vida personal con mimo y dedicación. Necesita y crea armonía en el entorno. Es fundamental que también lo haga en su interior y contemple la alimentación como la mejor aliada para mantener y alcanzar la plenitud total.

Con los años va adquiriendo mayor capacidad de trabajo, lo que en la adolescencia le suponía un gran esfuerzo, ahora lo realiza con facilidad. Es como la atleta que aumenta su potencia con el entreno.

Nadie debe decir: no tengo tiempo para comprar, para cocinar.

LA ALIMENTACIÓN COMO LA MEJOR ALIADA PARA MANTENER Y ALCANZAR LA PLENITUD TOTAL

Comer bien es una prioridad que no puede posponerse. La recompensa es importante. Cuando una persona cambia su dieta y empieza a alimentarse correctamente, a partir aproximadamente de dos meses, la mejoría física y mental es tan importante, que sólo se puede conocer experimentándolo.

En la actualidad, ninguna mujer a los cuarenta años o incluso a los sesenta puede sentirse mayor, y si lo hace debe plantearse el estilo de vida que lleva y el poco cuidado que tiene de ella misma. Siempre estará a tiempo de rectificar.

Una buena nutrición es la mejor cura de salud y belleza que debería emprender y practicar a diario.

Necesidades nutrientes

Proteínas:
En esta época de la vida es importante hacer especial atención en el reparto de proteínas a lo largo del día. No conviene saltarse una comida y luego comer más cantidad en otra. Esta mala organización no ayuda a mantener la masa muscular que se ha conseguido durante la etapa de crecimiento.

Grasas:
El exceso de grasa siempre será enemigo de la mujer. Una dieta alta en grasa es incluso un factor de riesgo para el desarrollo del cáncer.

Es importante adoptar el buen hábito de cocinar con poca grasa, no abusar de los fritos y evitar

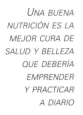

UNA BUENA NUTRICIÓN ES LA MEJOR CURA DE SALUD Y BELLEZA QUE DEBERÍA EMPRENDER Y PRACTICAR A DIARIO

el consumo continuado de alimentos ricos en grasas.

Hidratos de carbono:

No deben suprimirse de la dieta habitual alimentos que aportan hidratos de carbono de absorción lenta como son el pan, los cereales, la pasta, las legumbres y las patatas. Son la base de una dieta saludable y protectora de muchas enfermedades, entre otras cualidades porque prácticamente no contienen grasa.

Sólo puntualmente en dietas de adelgazamiento puede disminuirse su consumo.

Calcio:

Ésta es la época de la vida que el cuerpo necesita menos cantidad de calcio, 800 miligramos al día cubren las demandas del organismo, pero es muy importante aportar esta dosis constantemente, sino el propio organismo irá extrayendo calcio de los huesos para atender sus necesidades y la mujer llegará a la menopausia con un nivel más bajo del que se podría haber mantenido.

Hierro:

Las demandas de hierro son altas, al objeto de suplir las pérdidas que provocan las menstruaciones.

Es el período de la vida que puede presentar más anemias, pero que pueden paliarse con una dieta realmente alta en hierro. La cantidad aconsejada es de 18 miligramos diarios.

NO DEBEN SUPRIMIRSE DE LA DIETA HABITUAL ALIMENTOS QUE APORTAN HIDRATOS DE CARBONO DE ABSORCIÓN LENTA

alimentos

En esta época de la vida lo más importante es variar muchísimo los alimentos. La variación constante, incluso dentro de un mismo grupo de alimentos, y aprovechando siempre al máximo los productos de temporada será la clave para asegurar en estos años un soporte suficiente de nutrientes que impida deterioros y deficiencias prematuras.

7 menús equilibrados

DESAYUNO 1

Leche con cereales
Fruta

DESAYUNO 2

Tostadas con
mermelada
Yogur con
frutos secos

DESAYUNO 3

Tostadas integrales
con jamón y queso
1 fruta
Té, café o infusión

ALMUERZO

Guisado de patatas
Tortilla de verduras
Fruta

CENA

Verdura salteada con jamón
Filetes de pollo fritos
Yogur

ALMUERZO

Endibias con atún o salmón
Arroz con conejo
Fruta en compota o asada

CENA

Ensalada con pasta, palitos
de cangrejo y berberechos
Cuajada con uvas pasas

ALMUERZO

Ensalada de aguacate con jamón
Potaje de legumbre con espinacas
Yogur

CENA

Verdura con patatas
Pescado
Frutos secos

ALMUERZO

Verduras a la plancha o asadas
Legumbre con bacalao
Yogur

CENA

Sopa de arroz
Pescado azul
Frutos secos

ALMUERZO

Ensalada
Fideos con albóndigas
Zumo de fruta

CENA

Verdura con patata
Huevos al plato
Queso fresco con nueces

ALMUERZO

Patatas gratinadas
Mejillones al vapor
Macedonia

CENA

Ensalada con maíz y piña
Tostadas con revuelto de
setas
Infusión

ALMUERZO

Ensalada de tomate y queso
Carne rustida o guisada
Tarta de fruta

CENA

2 yogures con fruta

7 menús

Como en toda dieta de adelgazamiento es imprescindible beber en abundancia agua e infusiones.

Los caldos vegetales son una de las mejores ayudas para mantener una buena dieta por sus propiedades diuréticas y basificantes del organismo que facilitan la eliminación de los cuerpos cetónicos que se producen con el adelgazamiento.

DESAYUNO 1, 2 y 3

Queso con jamón
Tomate y zanahorias aliñadas
1 yogur
Café, té o infusión

CALDO VEGETAL CON LIMÓN

Hervir durante veinte minutos en un litro de agua, sin sal, unos 300 gramos de vegetales. Se puede escoger y mezclar: cebolla, apio, lechuga, acelga, perejil, puerros, nabos, chirivías...
Este caldo se puede consumir frío o caliente añadiendo a cada taza el zumo de medio limón

ALMUERZO

Ensalada con atún y aceitunas
Ternera a la plancha
20 almendras

CENA

Endibias
Tortilla de calabacín y cebolla
1 yogur

ALMUERZO

Judías tiernas con tomate aliñado y huevo duro
Mejillones o almejas al vapor
Queso

CENA

Ensalada con maíz
Pollo a la plancha
1 fruta

ALMUERZO

Revuelto de setas
Pescado a la plancha
Cuajada

CENA

Espinacas
Filetes de pavo
1 fruta

DESAYUNO 4, 5, 6 y 7

Tostadas con queso desnatado
1 fruta
Café, té o infusión

ALMUERZO

Setas salteadas
Conejo rustido, lechuga
20 almendras

CENA

Alcachofas refritas con jamón
Pescado a la plancha
1 yogur

ALMUERZO

Espárragos con mahonesa
Hamburguesa a la plancha,
pimientos
20 almendras

CENA

Coliflor
Calamar o sepia a la plancha
1 yogur

ALMUERZO

Ensalada de arroz
Salmón al vapor
1 yogur

CENA

Crema de verduras
Tortilla de queso
1 fruta

ALMUERZO

Verduras a la plancha o asadas
Pescado al horno
1 fruta

CENA

Ensalada con legumbre
1 yogur

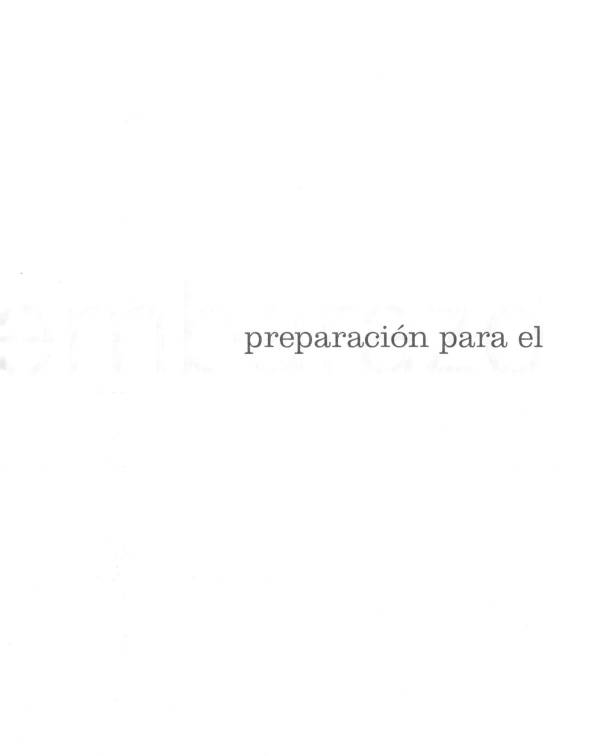

preparación para el

alimentación para el

Son muchas las parejas que programan un futuro embarazo con tiempo de antelación y dentro de este planteamiento deberían incluir unas pautas dietéticas que asegurasen la plenitud física de la futura madre, ¿y por qué no, también del futuro padre?

Los estudios del estado de nutrición de la población han dado la alerta sobre las carencias que se detectan en plena edad fértil. Algunas de ellas pueden repercutir en la salud del hijo: la de ácido fólico, otras influyen en un mayor número de abortos o incluso en la falta de fertilidad.

Practicar durante un tiempo prudencial (de 3 a 6 meses) una alimentación que pueda suplir estas carencias y potencie el feliz comienzo de un embarazo sería altamente saludable.

Necesidades nutrientes

La dieta deberá ser muy completa y variada, haciendo especial atención en el contenido de:

Vitamina E:
Se ha llamado la vitamina de la fertilidad porque su carencia provoca incapacidad reproductiva en muchas especies animales.

Es una vitamina antioxidante que protege los lípidos de las membranas celulares y permite una mayor vitalidad de las células, por ello también se la considera una vitamina antienvejecimiento. Las fuentes principales de vitamina E son: el germen de los cereales (germen de trigo), los aceites vegetales y las legumbres.

También puede encontrarse en vegetales como los aguacates o las lechugas.

Vitamina A:
Es fundamental para mantener las mucosas con una máxima calidad, por ello es importantísima para la buena anidación del óvulo fecundado.

Vitamina B6:
El consumo de anticonceptivos orales puede provocar una carencia de esta vitamina, es importante recuperar la correcta dosis orgánica para empezar bien un embarazo porque, la vitamina B6 o piridoxina, es fundamental en la formación del sistema nervioso.

PRACTICAR DURANTE UN TIEMPO PRUDENCIAL UNA ALIMENTACIÓN QUE PUEDA SUPLIR CARENCIAS Y POTENCIE EL FELIZ COMIENZO DE UN EMBARAZO SERÍA ALTAMENTE SALUDABLE

Ácido fólico:

Aunque a la mayoría de las embarazadas se les administra un suplemento de ácido fólico, esto no se lleva a cabo hasta el comienzo del segundo mes de gestación, cuando ya se ha empezado a formar todo el sistema nervioso. Por ello las autoridades sanitarias alertan del peligro que supone que las mujeres en edad fértil no hagan una dieta alta en esta vitamina, cuya carencia puede provocar malformaciones.

Hierro:

Es importante empezar un embarazo con los depósitos orgánicos de hierro bien llenos. La tendencia natural a la anemia que se produce durante la gestación será mucho menor si la madre empieza bien nutrida de este mineral.

Zinc:

El retardo en el crecimiento y la maduración sexual, así como diversas deficiencias inmunológicas, están relacionadas con la deficiencia de zinc.

El organismo sano de un hombre concentra una importante cantidad de zinc en la próstata y en los espermatozoides.

Dietas muy monótonas o basadas en productos elaborados con harinas refinadas no aseguran la dosis adecuada para que un organismo joven tenga toda su plenitud física y sexual.

alimentos

Polen	Productos lácteos enteros	Espárragos
Levadura de cerveza	Huevos	Pimientos
Germen de trigo	Verduras de hoja: espinacas, endibias	Legumbres
Pescados, especialmente azules	Zanahorias	Frutos secos
		Fruta seca
Mariscos	Remolacha	Frutas: piña, plátano

el polen

"El polen" que se comercializa para el consumo humano es un producto "elaborado por las abejas", lo recogen de las flores y haciendo una labor de "amasado" con sus propias secreciones le dan una forma de pequeña bola o grano transportándolo a la colmena. A la entrada de la misma colocan una trampilla para recogerlo.

La recolección de polen es de toneladas en todo el mundo, fabricado pacientemente por los miles de millones de abejas que en él habitan. Es otro de los productos maravillosos de la colmena que puede servir de gran alimento para la humanidad.

El polen tiene gran riqueza en aminoácidos esenciales, su dosis proteica es del 15 al 20 por ciento, y resulta una proteína de muy facil asimilación.

Su color amarillo anaranjado lo debe a la importante cantidad de carotenos (provitamina A) que contiene.

Es un alimento con alta concentración de vitaminas del complejo B, especialmente en B6 y ácido fólico.

El polen puede considerarse una fórmula magistral en minerales y oligoelementos que nos ofrece la naturaleza. No en vano es el elemento fecundador del reino vegetal.

El polen nutre a todo el organismo en general y especialmente al cerebro, tonificando las funciones intelectuales.

Es un alimento que puede consumirse a lo largo de toda la vida, desde la niñez hasta la vejez, como lo hacen muchos pueblos del mundo.

Se presenta en forma de granulado, tal como lo han recogido las abejas. Puede mezclarse con líquidos o con yogur o consumir directamente masticándolo o tragándolo. También se comercializa en forma de perlas y cápsulas.

Una dosis de 10 gramos al día es un suplemento altamente tonificante.

7 menús

DESAYUNO 1

Yogur con polen
y almendras
Pan integral
con jamón

DESAYUNO 2

Pan integral
1 huevo
Fruta
Leche o yogur

ALMUERZO

Ensalada de remolacha
Tortilla de espinacas
Zumo de frutas

CENA

Brócoli con bechamel
Pan con jamón
Queso

ALMUERZO

Arroz con pimientos y almejas
Conejo con cebolla
Piña

CENA

Ensalada de aguacates y pasta
Pescado azul
Yogur con polen

ALMUERZO

Consomé con queso
Legumbre con col y jamón
Yogur

CENA

Ensalada con nueces y
germen de trigo
Pescado con cebolla
Queso con membrillo

ALMUERZO

Licuado de zanahoria y fruta
Potaje de legumbre con
bacalao y verduras
Yogur

CENA

Ensalada con arroz integral
y germen de trigo
Pescado azul
Piña

ALMUERZO

Espárragos
Pescado con almendras
Plátano

CENA

Ensalada con soja germinada
y germen de trigo
Tortilla de patata
Queso

ALMUERZO

Ensalada de endibias y patata
Marisco
Plátano

CENA

Crema de calabacín con queso
Tortilla de perejil
Yogur con orejones

ALMUERZO

Ensalada de pasta e
hígados de pollo
Bacalao o pescado azul
Piña

CENA

Ensalada de tomate y queso
Yogur con fruta y levadura
de cerveza

7 menús

Es muy importante que la mujer empiece el embarazo con un peso correcto. Esta medida, preventiva y saludable, beneficiará tanto a la madre como al futuro hijo.

Una dieta de adelgazamiento que se realice antes de intentar un embarazo debe y puede cubrir las necesidades de los nutrientes indicados para empezar una gestación en las mejores condiciones físicas.

Los menús propuestos se podrían seguir realizando los dos primeros meses del embarazo sin ningún peligro ni contraindicación. El control médico es imprescindible.

DESAYUNO

1 kiwi
Yogur con polen y germen de trigo
Jamón y queso

ES IMPRESCINDIBLE TOMAR DOS O TRES TAZAS DE CALDO VEGETAL CON LIMÓN

ALMUERZO

Espárragos y aguacate
Cordero a la plancha
20 almendras

CENA

Endibias con atún en aceite
Tortilla de espinacas
1 yogur con polen

ALMUERZO

Setas salteadas con ajo y perejil
Pollo a la plancha, lechuga
15 nueces

CENA

Ensalada con sardinas de lata
Almejas al vapor
1 yogur con polen

ALMUERZO

Ensalada de tomate y queso
Pescado a la plancha
1 fruta

CENA

Verdura a la plancha o asada
Tortilla de atún
1 yogur con germen de trigo

ALMUERZO

Brócoli con mahonesa
Pescado azul, zanahoria rallada
20 almendras

CENA

Ensalada con queso
Calamar a la plancha
1 yogur con polen

ALMUERZO

Acelgas refritas con jamón
Pescado a la plancha,
zanahoria rallada
15 nueces

CENA

Ensalada con gambas
Tortilla de espinacas
1 yogur con polen

ALMUERZO

Ensalada con legumbre
Hígados de pollo o conejo
con cebolla
1 fruta

CENA

Crema de calabacín con queso
Pescado a la plancha
1 yogur con levadura de
cerveza y orejones

ALMUERZO

Col refrita con jamón
Bacalao con pimientos
1 fruta

CENA

Crema de calabacín con queso
Mejillones al vapor
1 yogur

alimentación durante el

El embarazo, ¡comienzo de una vida!, puede ser la mejor ocasión para que una mujer, o mejor aún, una pareja, se plantee el tema de la alimentación como base fundamental de la salud.

Alimentarse correctamente es el primer cuidado que una madre puede aportar a su hijo.

El perfecto estado de salud de una mujer, labrado año tras año de su vida, condicionará a su hijo desde el mismo momento de su concepción. A partir de ese trascendental acontecimiento, los buenos hábitos marcarán definitivamente la salud de ambos.

El embarazo es una gran experiencia femenina y una gran experiencia de unidad, en la que dos seres viven "íntimamente unidos" unos meses de maravilloso desarrollo.

A este vital desarrollo contribuye y colabora toda la naturaleza. Es gracias a todos los ingredientes que aportan los alimentos como se irá formando un nuevo ser, perteneciente a nuestra gran familia.

Así como la naturaleza está a su servicio, la Ciencia de la Nutrición también se debe poner al servicio de esta "magnífica unidad de vida" que son madre-hijo.

En el período de gestación de un nuevo ser, este fundamental concepto de unidad es el que permite afirmar que lo que es bueno para la madre lo es para el hijo y viceversa. Es decir, todos los nutrientes, que se consideran necesarios durante estos meses, lo son para mantener y conseguir un óptimo estado de salud de esta unidad madre-hijo. La práctica ha demostrado y confirmado esta realidad.

Una mujer que lleve una alimentación adecuada durante su embarazo sale de esta "gran vivencia" mejorada en su "totalidad", y con la excepción de poquísimos casos, son una mayoría absoluta las madres que consiguen amamantar perfectamente a sus hijos.

Todas las mujeres que han alcanzado su máxima belleza y atractivo después de un embarazo son una demostración

ALIMENTARSE CORRECTAMENTE ES EL PRIMER CUIDADO QUE UNA MADRE PUEDE APORTAR A SU HIJO

visible de la plenitud física, emocional e intelectual que la maternidad puede aportar.

La futura madre se preguntará: ¿cómo debo comer para que resulte beneficioso para los dos?

La respuesta comenzará con una primera norma consistente en la actitud que se debe adoptar ante la comida y la misma manera de masticar: hay que comer pausadamente, relajadamente, felizmente e insalivando muy bien. Hay que aprender a masticar y a segregar saliva de una manera voluntaria.

En los actos cotidianos y naturales podemos encontrar los mejores métodos de relajación, y por mucho que una serie de acciones naturales las ejecutemos diariamente no podemos asegurar que se realicen correc-

tamente. El acto de alimentarse es uno de ellos.

En cada comida se le plantea a la embarazada una excelente ocasión de prepararse para un parto feliz y controlado.

La práctica de una buena insalivación y la concentración que se debe realizar para masticar cada bocado unas 20 veces resulta un gran método de relajación.

Para utilizar y aprender este sistema de relajación y autocontrol no es necesario buscar un tiempo extra. No requiere más que sentarse, con un talante feliz, ante una agradable comida, sentirse agradecida a la vida y a la naturaleza que nos proporciona sus frutos, y en este estado de felicidad disponerse a consumir los alimentos, sabiendo que se está haciendo lo correcto para transformar y transmutar todos esos nutrientes en lo más importante, "un nuevo ser humano".

Así, la alimentación puede ser un gran acto de "compartir", en el más amplio sentido de la palabra.

Si en el momento del parto se recuerdan esas bellas sensaciones que proporcionan todos estos pensamientos positivos y la madre intenta concentrarse en mantener una constante segregación de saliva, conseguirá la mejor y más natural relajación.

una buena organización

Hay que plantear la nutrición durante la época de gestación con inteligencia.

Pensar, plantear y programar, son potencias auténticamente humanas. Con ellas hemos conseguido a lo largo de nuestra historia una mejor calidad de vida. No podemos desperdiciar todo este bienestar que a través de un cúmulo de sabiduría e inteligencia ha conseguido nuestra sociedad. Cuando una mujer está esperando a su hijo, si piensa en las condiciones de tiempos pasados, seguro que se alegrará de vivir en nuestro presente.

Hablando de tiempos remotos, es interesante analizar muchos factores que influyen en el cuerpo de una mujer embarazada.

Podemos comprender que la naturaleza haya programado una mayor facilidad para aumentar el peso desde los primeros días de la gestación. Esto es un resorte de supervivencia para asegurar y llevar a término los embarazos.

Se desencadena, normalmente, un fuerte apetito, con una gran tendencia a consumir los más diversos alimentos. Incluso a pesar de algunas molestias digestivas, la embarazada desea comer. ¡Nada más natural!

Si nos trasladamos a épocas en las que debíamos luchar y movernos con gran libertad para conseguir alimentos, comprenderemos lo lógica que es la programación de la naturaleza favoreciendo una gran reserva corporal al principio de la gestación, cuando aún no se ha perdido la agilidad, así se pueden cubrir las necesidades más imprescindibles en los últimos meses, en los que una embarazada, que viviera en plena naturaleza libre, podría tener serias dificultades para alimentarse de una manera suficiente.

Ciertamente las condiciones han combiado, y ha sido gracias a la inteligencia humana. Sigamos usando de "ella" para programar una dieta saludable y lógica para un embarazo actual.

Es fácil comprender que, si no se controla desde un principio la cantidad y calidad de las comidas, se hará un acúmulo de grasa. Este aumento y reserva no se va a consumir en meses sucesivos, porque ¡afortunadamente! no le van a faltar alimentos a la madre al final de su embarazo.

EL IDEAL SERÍA
QUE TODO
EMBARAZO
EMPEZASE
DESEADO
Y PROGRAMADO
POR LOS PADRES

Es en este último estadio de la gestación cuando existe, por parte de esa "querida unidad, madre-hijo" una gran demanda de nutrientes. Si estas sustancias indispensables no son administradas por los alimentos, los resortes de supervivencia seguirán desencadenándose, esta vez serán de "supervivencia de la especie", y el feto se desarrollará a expensas de las reservas del cuerpo de su madre.

Es por ello inadecuado y, permítase decirlo, muchas veces poco inteligente, imponer dietas muy restrictivas al final del embarazo, cuando en la mayoría de los casos una buena programación de la alimentación desde el principio de la gestación evitaría muchas complicaciones.

La nutrición bien organizada debe suministrar todos los ingredientes necesarios para que madre-hijo tengan sus necesidades cubiertas y por tanto se asegure un óptimo desarrollo del hijo, pero que éste no se haga a expensas del deterioro de la madre.

Partiendo de que el ideal sería que todo embarazo empezase deseado y programado por los padres y que uno de los factores de una buena preparación sería que la mujer estuviese en su peso ideal al quedarse embarazada, el aumento medio de peso correcto es entonces de 9 a 11 kilos.

Durante el primer trimestre no se debería aumentar más de 0,5 a 1,5 kilos, y de 0,4 kilos por semana durante el resto del embarazo, y aún más correcto sería que el segundo trimestre tan sólo se aumentase 4 kilos y se pudiese tener un margen de 5 a 5,5 kilos de aumento para el último trimestre.

Debemos recordar que un feto de 6 semanas tiene una talla de 1,5 centímetros, que a las 11 semanas está en unos 5 centímetros y que a los 4 meses tan sólo ha alcanzado los 16 centímetros. Es en el último trimestre cuando el niño consigue su total desarrollo y requiere una gran demanda de nutrientes.

Debido a que un aumento del peso de la madre, muy inferior a los 9 kilos, tiende ir asociado a un bajo peso del hijo al nacer y a un aumento de la mortalidad perinatal, los organismos internacionales de nutrición recomiendan que la ingesta calórica sea, como promedio, de unas 300 kilocalorías/día más de las necesarias para mantener el peso ideal.

Si se empieza el embarazo con un déficit de peso por debajo del 10 por ciento del normal, se puede engordar más de 11 kilos. Sin embargo, si antes del embarazo ya existe un cierto grado de obesidad, la madre deberá vigilar el aumento de peso, pero no es deseable que esté por debajo de 8 kilos. Será un momento ideal para adquirir buenos hábitos alimenticios que repercutirán positivamente en la lucha contra el sobrepeso, pero no es el momento de corregir una obesidad ya existente, puesto que podría acarrear serios problemas para la supervivencia del feto, debido a la inducción de la cetosis o del catabolismo proteico.

Se recomienda no planificar dietas con menos de 1.800 kilocalorías y 150 gramos de hidratos de carbono al día. Es muy importante cumplir con unos menús muy equilibrados, evitando al máximo las grasas, pero nunca suprimiendo del todo el consumo de aceites vegetales.

Siempre la dieta durante la gestación debe conseguir asegurar el suministro de la energía necesaria y sobre todo de los nutrientes imprescindibles para el desarrollo del feto y de la placenta y para el incremento de tejidos maternos como el útero, las mamas, el aumento de volumen sanguíneo y una pequeña porción de grasa de reserva.

SE RECOMIENDA NO PLANIFICAR DIETAS CON MENOS DE 1.800 KILOCALORÍAS

necesidades nutrientes

En el embarazo y también en la lactancia se requieren cantidades superiores de algunos nutrientes. La naturaleza es tan magnánima a la hora de ofrecernos fuentes alimenticias, que es relativamente fácil adecuar una dieta suficiente en todos los elementos básicos, a los gustos y hábitos más variados.

No se deberá preocupar la futura madre, cuando por el motivo que sea, no desee consumir determinado alimento recomendado como muy nutritivo, ya que se puede encontrar otros productos equivalentes capaces de cubrir igualmente las necesidades. Este caso se puede presentar muy a menudo durante los embarazos, pues es frecuente el rechazo instintivo de algunos alimentos.

Proteínas

Durante el primer trimestre deberá hacerse una dieta casi equilibrada, pensando en un aumento de proteínas de 10 a 20 gramos diarios con respecto a la dieta normal.

Durante el resto del embarazo se aconseja una dosis de 20 a 30 gramos / día, en exceso sobre la dieta normal equilibrada y que estas proteínas sean de alto valor biológico.

Los alimentos ricos en proteínas son a la vez fuentes apropiadas de distintos nutrientes, en especial de oligoelementos, por lo que es prudente y recomendable planificar las dietas para el embarazo con estos contenidos más altos en proteínas.

Los organismos de consejo nutricional recomiendan en los países desarrollados llegar a 100 gramos/día de proteínas durante el período de gestación y a 115 gramos/día en el de lactancia.

Grasas o lípidos

Durante el embarazo la dieta debe ser equilibrada en lípidos, pudiendo hacerse durante el primer trimestre una dieta lige-

*ES MUY
IMPORTANTE
DURANTE EL
EMBARAZO
HACER UNA DIETA
SUFICIENTE
EN HIDRATOS ·
DE CARBONO*

ramente baja en grasa, pero distinguiendo claramente las grasas introducidas en la dieta y no olvidando que debe consumirse diariamente una dosis de 20 a 30 gramos de aceite vegetal para conseguir un aporte adecuado de ácidos grasos esenciales, imprescindibles para la formación celular y el buen desarrollo del sistema nervioso.

Eliminar las grasas supone también suprimir las vitaminas liposolubles, que en el período de gestación se necesitan en mayores cantidades.

El consumo de alimentos recomendados que contengan grasas manipuladas, como es la mayoría de las margarinas, ha de ser mínimo. En la fabricación y procesamiento de muchas grasas se transforman los ácidos grasos en la forma conocida como "trans". Este tipo de ácidos grasos trans impiden que se elaboren en el organismo materno las sustancias derivadas de los ácidos grasos linoleico y linolénico, esenciales para el desarrollo fetal.

Hidratos de carbono o glúcidos

Es muy importante durante el embarazo hacer una dieta suficiente en hidratos de carbono, especialmente a partir de ali-

LOS
REQUERIMIENTOS
DE ÁCIDO FÓLICO
SE ENCUENTRAN
· MUY
INCREMENTADOS
EN ESPECIAL EN
MUJERES QUE
HAN TOMADO
RECIENTEMENTE
ANTICONCEPTIVOS
ORALES

mentos ricos en almidón (cereales, legumbres, tubérculos) y evitando el abuso de azúcares de absorción rápida (azúcar, leche y frutas).

Cuando se consumen dietas pobres en hidratos de carbono se movilizan las grasas y al ser utilizadas éstas para obtener energía se forman cuerpos cetónicos con una velocidad superior a la capacidad que tiene el riñón para eliminarlos por la orina, dándose entonces un "ESTADO DE CETOSIS", que se acompaña con un fuerte olor a acetona en el aliento y una importante concentración de compuestos cetónicos en la orina.

La causa más frecuente de "cetosis" es el ayuno y hay una mayor tendencia a la cetosis durante el embarazo, por la gran demanda de glucosa que tiene el feto.

La aparición del "estado de cetosis" indica que la dieta no proporciona la cantidad suficiente de hidratos de carbono, o porque entre comida y comida se

deja pasar un período excesivo de tiempo.

Se debe dar la importancia que tiene un estado de cetosis continuado durante el embarazo, ya que puede afectar negativamente al feto y por ello hay que tomar las medidas adecuadas para detectarlo y prevenirlo.

Los cuerpos cetónicos, que se excretan a través del riñón, son ácidos moderadamente fuertes (ácido acetilacético, ácido beta-hidroxibutírico) que arrastran minerales, principalmente sodio, por ello junto con la eliminación de estos ácidos se pierden grandes cantidades de líquido por la orina, pudiendo dar lugar a una deshidratación.

Ácido fólico

Los requerimientos de ácido fólico se encuentran grandemente incrementados desde el principio de la gestación, especialmente en mujeres que ya han tenido embarazos anteriores o que han tomado recientemente anticonceptivos orales.

Es lamentable comprobar la importante carencia que de esta vitamina tienen muchas jóvenes y embarazadas en las sociedades económicamente ricas.

La dosis que se recomienda es de 400 microgramos al día, para aumentar y proteger las reservas maternas y atender a la gran demanda impuesta por el rápido crecimiento de los tejidos.

La placenta juega el papel de depósito de ácido fólico, susceptible de proteger parcialmente al hijo de un déficit severo, pero esta reserva no elimina totalmente el riesgo de malformaciones. Una dieta alta en ácido fólico es la mejor prevención.

Hierro

Durante el embarazo además de cubrir las necesidades normales de hierro, el cuerpo necesita una cantidad suplementaria capaz de promover el aumento de glóbulos rojos, que debería darse de una manera natural, para proporcionar hierro al feto y a la placenta.

Sería conveniente llegar a unas dosis de 25 a 30 miligramos diarios, teniendo en cuenta que la gran demanda de hierro por parte del hijo, lo mismo que la del calcio, tiene lugar en el último trimestre de la gestación.

Es imposible acumular depósitos de hierro en los meses anteriores, por tanto, la alimentación en esta última etapa debe aportar cantidades muy importantes de hierro. Así cuando llegue al parto, la madre gozará de un estado de plenitud y energía. Acostumbra a ser muy recomendable recurrir a un suplemento por la imposibilidad de alcanzar la cantidad necesaria a través de las comidas habituales.

Afortunadamente, en los últimos meses del embarazo aumenta la capacidad para absorber el hierro de la dieta. El recién nacido llega al mundo con una cantidad de hemoglobina (o reserva de hierro) considerablemente superior a la necesaria. Durante los primeros días de su vida, la destrucción de glóbulos rojos es muy alta, por ello puede observarse ictericia en la piel del bebé.

La retención de hierro que ha hecho durante su gestación basta para cubrir los requerimientos del niño durante unos meses. Así una vez más la naturaleza consigue un equilibrio, ya que la leche es un alimento bajo en hierro.

LA ALIMENTACIÓN EN ESTA ÚLTIMA ETAPA DEBE APORTAR CANTIDADES MUY IMPORTANTES DE HIERRO. ASÍ CUANDO LLEGUE AL PARTO, LA MADRE GOZARÁ DE UN ESTADO DE PLENITUD Y ENERGÍA

Calcio

El cuerpo de un recién nacido contiene unos 30 gramos de calcio, absorbidos en gran parte durante el tercer trimestre del desarrollo intrauterino.

Es habitual, en todas las especies de mamíferos, que la facilidad para asimilar calcio aumente durante la gestación y la lactancia.

Para animar a todas la embarazadas se puede asegurar actualmente, a través de estudios, que: "no existe relación entre la salud ósea (es decir, su fortaleza y buen estado de conservación) y el número de embarazos y prolongaciones de las lactancias dentro de las poblaciones que consumen las cantidades de calcio recomendadas".

Mil doscientos miligramos de calcio es la dosis que la dieta debería aportar diariamente, especialmete a partir del cuarto mes de gestación. Toda mujer embarazada ha de ser consciente que si no cubre esta cantidad con la dieta, su hijo se desarrollará a expensas de provocarle a ella una descalcificación.

Magnesio

Las necesidades de este mineral aumentan durante el embarazo, especialmente en los dos últimos trimestres, época en la que el feto adquiere todo el magnesio que necesita para su correcta formación.

Es muy frecuente, durante la gestación, que la futura madre padezca calambres musculares (especialmente en las piernas), hormigueos y agarrotamientos, estas molestias desaparecen aumentando en la dieta la dosis de magnesio y de vitaminas del grupo B.

La dosis adecuada está alrededor de los 450 miligramos día. Debe hacerse una dieta muy rica en magnesio para alcanzar los requerimientos reales y conseguir la concentración ideal de este mineral en sangre, puesto que una gran proporción del ingerido es eliminado por las heces.

Son muy recomendables los frutos secos, como almendras, nueces... por su gran aporte de magnesio, siendo también una

fuente excelente de otros minerales imprescindibles para el buen desarrollo fetal, como el zinc, el manganeso..., a la vez de excelentes ácidos grasos esenciales.

Yodo

Una dieta alta en yodo es fundamental e imprescindible para el correcto desarrollo del cerebro del feto y de ello dependerá la capacidad intelectual de este nuevo ser para toda su vida.

Los trastornos por deficiencias de yodo pueden prevenirse pero no curarse.

A través de los alimentos se consiguen cantidades suficientes de este importante elemento que pueden asegurar las demandas durante la gestación.

Consumiendo productos del mar se establece una de las mejores bases que ayudará a organizar una dieta saludable para la embarazada, cubriendo las necesidades de yodo, aportando buena proteína, excelente grasa y vitaminas A y D.

La dosis necesaria durante el embarazo es de unos 175 microgramos, pudiéndose sobrepasar ampliamente esta cantidad sin ningún peligro de toxicidad.

LOS TRASTORNOS POR DEFICIENCIAS DE YODO PUEDEN PREVENIRSE PERO NO CURARSE

Durante estos primeros meses es conveniente mantener una alimentación que reporte un aumento de peso casi inapreciable. Pero debe ser una dieta muy nutritiva.

Para evitar las muy frecuentes molestias digestivas de esta época de la gestación se hará una alimentación sencilla, con gran abundancia de frutas y verduras y una reducción de grasas, recordando no suprimir los aceites.

Es muy beneficioso comenzar el día con una suave infusión, de anís verde, comino o anís estrellado y programar un desayuno suave, de tostadas con aceite, fruta cocida o frutos secos dulces como ciruelas pasas, con queso suave o yogur.

Es frecuente la necesidad de comer varias veces al día, repartiendo varias raciones de fruta, queso o yogur, acompañándolas de agradables infusiones, como las que se han indicado, y a la vez descartando la costumbre de beber café o té en exceso. En estas primeras semanas se está formando el sistema nervioso y es aconsejable no consumir sustancias excitantes como la cafeína, que por ser soluble en agua, pasa a la sangre llegando así al feto.

Las zanahorias crudas constituyen una excelente ensalada, de la que disponemos en todas las épocas del año, y ayudan a cubrir las necesidades de vitamina A.

PARA EVITAR LAS MUY FRECUENTES MOLESTIAS DIGESTIVAS DE ESTA ÉPOCA DE LA GESTACIÓN SE HARÁ UNA ALIMENTACIÓN SENCILLA, CON GRAN ABUNDANCIA DE FRUTAS Y VERDURAS

1 kiwi de 100 g
50 kilocalorías y
10 g de hidratos de carbono

20 g de almendras
120 kilocalorías y
3 g de hidratos de carbono

50 g de pan
125 kilocalorías y
25 g de hidratos de carbono

100 g de piña fresca
50 kilocalorías y
13 g de hidratos de carbono

50 g de ciruelas secas
130 kilocalorías y
35 g de hidratos de carbono

50 g de galletas
220 kilocalorías y
40 g de hidratos de carbono

LA GRAN NECESIDAD DE CALCIO SE PRESENTA A PARTIR DEL CUARTO MES

1 manzana de 200 g.
120 kilocalorías y
28 g de hidratos de carbono

100 g de zanahorias
40 kilocalorías y
9 g de hidratos de carbono

100 g de magdalenas
470 kilocalorías y
70 g de hidratos de carbono

Si las molestias digestivas son muy importantes se establecerá una dieta (que puede durar de 2 a 3 días a 2 o 3 semanas) a base de pan tostado, aceite, patata, arroz o pasta hervida, alguna verdura suave hervida, pescado hervido y manzana y pera hervida. Con esta dieta a base de alimentos cocidos se facilita la digestión, es muy baja en grasa y se regulan las funciones digestivas. En este tipo de dieta, durante los primeros días se suprimirán los productos lácteos, hasta encontrar una mejoría, entonces se introducirá primeramente la cuajada o el yogur y a continuación el queso, para en último lugar probar si se tolera bien la leche. No hay que preocuparse por estar unos días sin probar los lácteos, pues en este período del embarazo no hay una demanda extra de calcio, porque la formación ósea es mínima. La gran necesidad de calcio se presenta a partir del cuarto mes.

La piña natural y el kiwi son dos frutas que facilitan la digestión, y si la embarazada tiene molestas sensaciones de cambio de pastosidad en la saliva, puede consumir pequeñas cantidades de piña fresca a lo largo del día que colaborará a una mejoría inmediata.

Es conveniente descartar de la alimentación todo producto que pueda causar una intoxicación, como por ejemplo el marisco crudo. Hay que vivir la época del embarazo con naturalidad, pero sin correr riesgos innecesarios.

Respecto al alcohol, decir que es una molécula de rapidísima difusión por todo el organismo, pasando la barrera placentaria y llegando así al feto.

Toda mujer embarazada debe conocer este hecho y saber que incluso los fabricantes de bebidas alcohólica han manifestado conjuntamente con las autoridades sanitarias la conveniencia de no consumir alcohol durante la época de crecimiento, y la gestación, pues no tan sólo es período de crecimiento, también lo es de formación. El mejor brindis de una madre por la salud del hijo que lleva en las entrañas será con un zumo de frutas o una bebida sin alcohol.

HAY QUE VIVIR LA ÉPOCA DEL EMBARAZO CON NATURALIDAD, PERO SIN CORRER RIESGOS INNECESARIOS

7 menús

Todos estos menús son sugerencias sencillas de cocinar, y con un contenido calórico muy moderado. Los pesos que se indican de: arroz, pasta, patata y legumbre son en crudo. Al cocerlos dicho peso se dobla. Debe procurarse que los platos de verduras y ensaladas sean abundantes.

DESAYUNO 1

2 tostadas de pan integral
40 gramos de queso fermentado
o 100 gramos de queso fresco
1 yogur
1 fruta

DESAYUNO 2

200 gramos de leche
Cereales para desayuno
50 gramos de frutas
secas: ciruelas,
pasas, dátiles...

DESAYUNO 3

Pan integral
con atún en aceite
Zumo de fruta
1 cuajada

ALMUERZO

Pasta con salsa de tomate
Tortilla de verduras
1 yogur

CENA

Ensalada
100 a 150 g de pescado con
100 g de patata
20 g. de almendras, nueces
o avellanas

ALMUERZO

Pimiento, berenjena y cebolla
asados con 30 g de legumbre
Bacalao
1 yogur

CENA

Verdura o ensalada con maíz
o con arroz
50 g de jamón
Compota de fruta

ALMUERZO

Ensalada de endibias con nueces
Pescado azul
Queso fresco con miel

CENA

Ensalada de berros
Tortilla de patatas
1 kiwi

ALMUERZO

Ensalada con 30 g de lentejas
Conejo guisado con zanahorias
Fruta

CENA

Verdura salteada con jamón
50 g de pan con sardinas
en aceite
1 yogur

ALMUERZO

30 g de arroz con verdura
o con ensalada
Pescado a la plancha
20 g de almendras

CENA

Puré de verduras con queso
1 huevo
1 cuajada

ALMUERZO

Ensalada de tomate y zanahorias
Pasta con carne picada
20 almendras

CENA

Sopa de arroz y pescado
1 yogur con una fruta

ALMUERZO

Ensalada
Calamar o sepia con guisantes
Piña fresca

CENA

Ensalada con queso
Manzana asada

Al comenzar el segundo trimestre del embarazo es conveniente ir aumentando la ingesta calórica para llegar al quinto mes a consumir una dieta de 2.500 a 2.750 kilocalorías, según las recomendaciones internacionales. Es el momento de aumentar los alimentos ricos en calcio, de una manera especial los lácteos.

Especial atención merece el consumir alimentos con un buen contenido de vitamina A: lácteos, pescado azul, zanahorias y otros vegetales, ya que esta época del embarazo requiere mayores dosis de esta vitamina.

En estos meses se hace necesario un suplemento de hierro, es muy difícil a través de la dieta alcanzar los 30 o 60 miligramos/día que se necesitan, especialmente en el último trimestre.

Cada día, y aún mejor cada comida, debe contener productos crudos: ensaladas o frutas, para conseguir una buena dosis de vitamina C. Así se cubren las necesidades que están aumentadas, a la vez que se favorece la absorción del hierro de la dieta y se hace una prevención de las hemorragias.

ES MUY IMPORTANTE QUE LA MADRE LLEGUE EN PLENA FORMA AL PARTO

Es muy importante que la madre llegue en plena forma al parto, una ayuda importante la puede encontrar consumiendo un suplemento de unos 10 gramos de "levadura de cerveza seca" al día.

Las levaduras son magníficos alimentos con una alta concentración de nutrientes, que se utilizan con excelentes resultados en nutrición animal y son desconocidos por la mayoría de la población humana. Su consumo está especialmente recomendado en la práctica deportiva, en el embarazo, la lactancia, el crecimiento y en cualquier convalescencia o situación carencial.

Durante el embarazo y la lactancia su consumo puede constituir el seguro que permita alcanzar niveles adecuados de muchos nutrientes.

**10 gramos de
LEVADURA
DE CERVEZA SECA
aporta:**

- **40 kilocalorías**
- **5 gramos de proteínas**
- **0,4 gramos de lípidos**
- **4 gramos de hidratos de carbono**

7 menús

DESAYUNO 1

Pan integral con
aceite
Queso y jamón
1 yogur con
levadura de cerveza,
nueces y miel
1 fruta

DESAYUNO 2

300 gramos de leche
enriquecida en calcio
Cereales integrales y
germen de trigo
50 gramos de frutas
secas
1 fruta

DESAYUNO 3

Pan integral, tomate
y atún en aceite
Zumo de fruta
1 yogur con levadura
de cerveza, dátiles
y miel

ALMUERZO

Pasta con almejas
Tortilla de verdura
1 yogur con higos secos

CENA

Ensalada con queso
Pescado con patatas
Compota de frutas con
frutos secos

ALMUERZO

Ensalada con palitos de cangrejo
Potaje de legumbre con carne
1 yogur

CENA

Verduras a la plancha o asadas
Tortilla de patatas
Fruta

ALMUERZO
Ensalada de endibias, aguacates,
gambas y nueces
Pescado azul
Queso fresco con miel

CENA

Ensalada de berros y patatas
Pollo a la plancha
1 yogur con levadura y miel

ALMUERZO

Ensalada con jamón
Legumbre con bacalao
Yogur

CENA

Verdura con patata
Pescado azul
Queso fresco con miel

ALMUERZO

Gazpacho o licuado
Arroz con conejo
Yogur con levadura y miel

CENA

Puré de verduras con queso
Calamar o gambas a la plancha
Fruta

ALMUERZO

Ensalada de tomate y queso
Pasta con carne
1 yogur con almendras,
levadura y miel

CENA

Endibias
Sopa de arroz y pescado
Frutos secos

ALMUERZO

Espinacas o acelgas salteadas
con jamón
Sepia con patatas y guisantes
Queso fresco

CENA

Licuado de zanahorias y fruta
Filetes de pavo
1 yogur con levadura, nueces
y miel

la lactancia

la lactancia

Dar el pecho a un hijo es uno de los mayores placeres y satisfacciones de la vida. La mujer debe reivindicar el derecho a disfrutarlo con plenitud.

Toda madre puede sentir el deseo de alimentar por ella misma a su recién nacido, y no es justo que nadie ponga en duda su capacidad.

Las opiniones negativas sobre la posibilidad que tiene la mujer de poder criar a sus hijos a pecho no tienen base y perspectiva histórica ni científica.

Con todo respeto debemos afirmar que: "si la hembra humana no tuviese la potencia suficiente para amamantar a sus crías durante un largo y necesario período de tiempo, ninguno de nosostros estaría aquí".

Durante muchos siglos la supervivencia de la especie humana ha dependido directamente de la buena lactancia materna y aún ocurre así en muchas partes del mundo.

La mujer ni se planteaba si iba o no a criar a sus hijos a pecho, como acto natural se aceptaba y una mayoría absoluta lo llevaba a término con gran éxito. Como prueba irrefutable aún en nuestro tiempo se comprueba que, en sociedades con grandes carencias alimenticias, los niños no empiezan a sufrir problemas de desnutrición mientras se mantiene la lactancia natural.

En la actualidad, la mujer puede escoger un tipo u otro de lactancia para sus hijos, pero para hacerlo con auténtica libertad debería estar bien informada. Nuestra avanzada sociedad tiene la obligación de asesorarla en profundidad. No es justo obligar a nadie a hacer algo en contra de su voluntad, aunque menos lo es ocultar o no poner al alcance de todos los conocimientos que tenemos (a través de importantes y modernos estudios) sobre las grandes ventajas que aporta, tanto para la madre como para el hijo, la lactancia materna.

Es cierto que gracias a la elaboración de leches adaptadas, de una manera extraordinaria al recién nacido, se puede tener la tranquilidad (que en otras épocas

TODA MADRE PUEDE SENTIR EL DESEO DE ALIMENTAR POR ELLA MISMA A SU RECIÉN NACIDO, Y NO ES JUSTO QUE NADIE PONGA EN DUDA SU CAPACIDAD

no se poseía) de que la supervivencia de los bebés está ampliamente protegida.

Afortunadamente en estos momentos de nuestra historia, toda futura madre se puede plantear, con un estado de ánimo sosegado, el tipo de lactancia que quiere ofrecer a su hijo y es obligación de todos respetarla y apoyarla en su decisión.

Es importantísimo conocer los beneficios que puede aportar el hecho de intentar la lactancia materna, aunque ésta durase pocos días o un período corto de tiempo, debido a que la leche de los primeros días o "calostro", es por sus características espe-

ciales un regalo, un seguro de vida y salud que nadie más se lo puede ofrecer, ni el más avanzado y moderno laboratorio.

No agobiar a la nueva madre es la mejor ayuda que se le puede prestar. Animarla a empezar, viviendo cada momento y cada día como un gran logro, colabora a la consecución de una experiencia saludable para ella y para su bebé.

Con toda tranquilidad y estando bien orientada, ninguna mujer debe dudar de su propia capacidad. Si su naturaleza le ha permitido ser madre, tiene las más amplias posibilidades de criarse a su hijo felizmente.

de la lactancia materna

Científicamente la leche materna se considera un alimento único, imposible de imitar o conseguir artificialmente en toda su plenitud.

La producción de leche para el recién nacido es una adaptación mamífera específica y esta leche es única como alimento natural, casi completo (y completo en los primeros meses de vida) desde el punto de vista nutricional.

La concentración de nutrientes que contiene la leche varía considerablemente entre las diferentes especies de mamíferos. Se observa, como dato muy importante de equilibrio establecido por la naturaleza, una relación entre la velocidad de crecimiento del nuevo ser y el contenido en proteínas y minerales, cuando se compara la composición de la leche de distintas especies.

Como si de un combustible adecuado a cada tipo de motor se tratase, cada mamífero debe recibir una determinada leche, y no dársela pone en serio peligro su vida por la incapacidad de digerirla y de adaptarse a un alimento que le es extraño a su propia naturaleza, siguiendo el símil sería "atascar o quemar el motor". Una leche más concentrada puede ser tan peligrosa o más que una poco nutritiva o diluida.

La composición de la leche materna varía desde el principio de la lactancia con el paso del tiempo y es una magnífica adaptación natural a las necesidades del lactante.

El calostro

La leche calostral o calostro, segregada durante los primeros días después del parto, difiere marcadamente de la leche ordinaria en propiedades físicas y biológicas. El calostro humano tiene el doble o el triple de proteínas que la leche y el tanto por ciento más importante de éstas son globulinas inmunes. Estas globulinas contienen todos los anticuerpos presentes en la sangre materna, siendo las encargadas de transmitir la inmunidad al recién nacido.

El cambio predominante en composición proteínica que tiene lugar en la transición de calostro a leche, es el acentuado descenso en globulinas inmunes. Al cabo de pocos días después de iniciarse la lactancia, entre el décimo o decimocuarto día del comienzo, la secreción láctea se

CIENTÍFICAMENTE LA LECHE MATERNA SE CONSIDERA UN ALIMENTO ÚNICO, IMPOSIBLE DE IMITAR O CONSEGUIR ARTIFICIALMENTE EN TODA SU PLENITUD

podrá considerar una leche madura.

La grasa del calostro contiene una importante dosis de betacaroteno (precursor de la vitamina A) superior al contenido de la leche de continuidad. La concentración de esta provitamina se favorece con una alimentación rica en vegetales. También se encuentran en el calostro mayores cantidades de vitaminas del grupo B.

En el calostro existe una abundante cantidad de selenio (de 40 a 80 microgramos por litro) pero las concentraciones disminuyen a las dos semanas hasta alcanzar el nivel normal de la leche madura (11 a 53 microgramos litro) y persiste sin variación durante la lactancia. Se estima que el 25 por ciento del selenio contenido en la leche materna se halla en el enzima glutatión-peroxidasa, encargada de proteger las membranas de millones de células en el organismo evitando el deterioro y envejecimiento prematuro de los tejidos.

El contenido en selenio de las leches infantiles que pueden encontrarse en el mercado está comprendido entre 5 y 9 microgramos litro.

Si el calostro y la leche supone una salida tan importante de selenio del organismo materno, habrá que estudiar cuidadosamente la nutrición para que no

suponga una pérdida o bajada sustancial de este oligoelemento para la madre.

Podemos deducir de todo esto que el calostro sirve para aumentar las oportunidades de supervivencia del recién nacido. Además de poseer los valores nutritivos imprescindibles, aporta vitaminas y anticuerpos fundamentales para el desarrollo de la inmunidad del recién nacido.

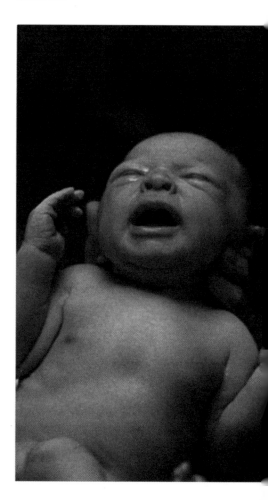

de la leche materna

Hidratos de carbono

El contenido de hidratos de carbono es muy elevado en la leche materna.

La lactosa (azúcar de la leche), formada por galactosa y glucosa se encuentra exclusivamente en este alimento. En los tejidos del cuerpo no se encuentra galactosa libre en cantidades apreciables. Este azúcar se forma en las glándulas mamarias a partir de la glucosa de la sangre.

Los cerebrósidos constituyentes primordiales del tejido nervioso contienen galactosa y la necesitan para su formación. Estos cerebrósidos se encuentran en la envoltura mielínica de los nervios, en la materia blanca y gris del cerebro y en la médula espinal.

Interesantísimos estudios han demostrado que los niños alimentados con leches artificiales desarrollan una flora intestinal mixta, en tanto que los alimentados a pecho materno muestran una prevalencia de lactobacilos bífidos.

Son los oligosacáridos, otros azúcares presentes en la leche materna y prácticamente inexistentes en la leche de vaca, los

que provocan la liberación de compuestos de sustancias que actúan como factores de crecimiento para el lactobacilos bífido. Esta buena flora intestinal trasforma la lactosa en ácido láctico y ácido acético y es este ambiente acidificado el que impide o frena el desarrollo de bacterias infecciosas en el intestino de los niños alimentados a pecho, a la vez que evitan el estreñimiento.

Grasas

Las grasas de la leche están en función directa con las de la alimentación de la madre, comprobándose aquí la importancia y beneficio de una nutrición a base de aceites vegetales (en particular el aceite de oliva) y no de grasas de origen animal para conseguir una mejor calidad de leche.

Se han estudiado las grandes diferencias en la composición grasa de las leches de madres de diversos países y constatado la influencia directa de la alimentación y de la ingesta de aceites vegetales en particular. La grasa de la leche humana puede llegar a ser cuatro veces más rica en ácidos grasos esenciales según el tipo de nutrición practicada

LAS GRASAS DE LA LECHE ESTÁN EN FUNCIÓN DIRECTA CON LAS DE LA ALIMENTACIÓN DE LA MADRE

por una mujer. Estos ácidos grasos son primordiales para la constitución del cerebro y las neuronas.

La grasa y la vitamina A se absorbe mejor en una alimentación con leche materna.

Proteínas

La leche humana contiene la concentración de proteínas adecuada para el buen desarrollo del lactante.

La distribución de las proteínas es muy diferente al de las otras leches. La caseína representa solamente un 40 por ciento de las proteínas en la leche materna y las del suero alrededor de un 60 por ciento. Las proteínas del suero de esta leche son tan numerosas como las del suero de la sangre. En la leche de vaca hay un contenido proteínico de un 80 por ciento de caseína y un 20 por ciento de proteínas del suero.

Las alergias a la proteína de la vaca tienen relación con estas diferentes proporciones en su composición.

La leche materna contiene una pequeña cantidad de albúmina que es inmunológicamente idéntica a la albúmina de la sangre.

Enzimas

La leche materna contiene muchas enzimas.

Los enzimas son las sustancias responsables de realizar la digestión, el organismo las fabrica pero se destruyen a partir de temperaturas superiores a los 40 °C, por ello no se encuentran en las leches en polvo.

La leche materna es rica en "lipasa (enzima encargada de la digestión de las grasas), factor muy importante, teniendo en cuenta que la lipasa pancreática es muy poco activa en el lactante.

Es importantísima la concentración de "lisocima" en la leche materna esta enzima destruye la pared celular de ciertas bacterias que podrían causar procesos infecciosos.

Vitaminas

La leche materna contiene todas las vitaminas conocidas y es especialmente rica en vitamina A y en vitamina B.

Su dosis de vitamina C, que se favorece con una alimentación materna rica en esta vitamina, no sufre ninguna pérdida,

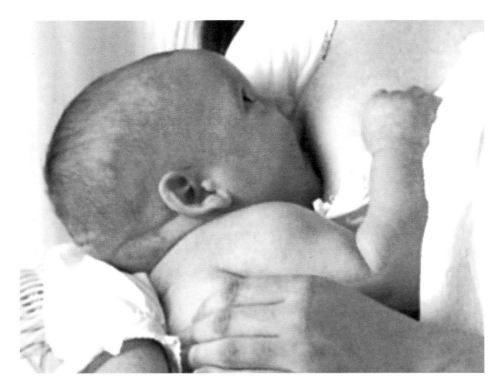

EL LACTANTE ALIMENTADO CON LECHE MATERNA TIENE UNA MAYOR DEFENSA CONTRA LAS INFECCIONES

ya que, como alimento de consumo directo, no sufre ninguna manipulación.

Minerales

La mayoría de minerales de la leche materna tienen una mejor absorción. Una buena alimentación materna asegura unas dosis óptimas en la leche que aseguran todas las necesidades del lactante.

Acción antiinfecciosa

El lactante alimentado con leche materna tiene una mayor defensa contra las infecciones debido a que desarrolla células parecidas a los leucocitos en el intestino delgado y fabrica anticuerpos específicos con ciertas bacterias.

Debido a una serie de mecanismos biológicos: un porcentaje alto de lactosa, ácido láctico, ácido acético, su particular concentración en proteínas y un bajo contenido en fósforo, hacen que el interior del intestino tenga un ambiente ácido que ejerce un efecto bacteriostático sobre el crecimiento de la mayor parte de los gérmenes patógenos. Por el contrario, todos estos factores tienen una acción de favorecer el crecimiento de la mucosa intestinal.

conseguir una buena lactancia

Son varias las normas y pautas que pueden colaborar en pro de asegurar una buena lactancia materna, entre ellas está la adecuada dieta que debe realizar la madre, que le ayudará a recuperarse rápidamente del parto y conseguir una plenitud física.

La decisión y el deseo auténtico de alimentar a su hijo es uno de los factores que más potencia la lactancia. Salvo poquísimas excepciones, en las que, por un desequilibrio hormonal, no se da una buena producción de leche, la mayoría más aplastante de mujeres pueden conseguir su deseo y todo su entorno las debe animar y apoyar.

Es importantísimo dar el pecho al hijo lo antes posible después del alumbramiento. ¡Lo más natural es que sea la madre quien dé el calor necesario al recién nacido!, a la vez que se aprovecha el fuerte instinto de succión que el niño tiene en las primeras horas.

La madre tiene TODO EL DERECHO a reclamar el contacto directo con su hijo inmediatamente después del nacimiento y nadie mejor que ella, después de un feliz parto, velará por la seguridad de su bebé.

Se debe dar el pecho a demanda del niño, la flexibilidad es una de las grandes posibilidades de éxito. No hay que temer al descontrol. Lo natural es que sea el bebé quien vaya estableciendo un ritmo y esto se debe en gran parte a las características de la leche materna.

La secreción láctea se va adaptando a las necesidades del lactante desde el comienzo de la vida. La concentración de la leche no es igual en cada mamada, siendo más rica en grasa por la noche, lo que favorece que el niño alargue las horas de sueño en horario nocturno. En cada mamada hay una diferencia de concentración de los primeros minutos a los últimos, siendo más rica en hierro, proteínas y grasa al final de la toma, así la naturaleza da en primer lugar una leche menos concentrada (como si de un primer plato ligero se tratase), que es mejor recibida por el tierno estómago del recién nacido y cuando ya ha estimulado una secreción gástrica adecuada le aporte una mayor proporción de determinados nutrientes que digerirá y asimilará mejor.

Hay que tener muy en cuenta lo expuesto anteriormente para poder prolongar cada mamada un tiempo adecuado (unos 10 minutos en cada pecho es una buena pauta). Crear un ambiente de sosiego y satisfacción, un estado de concentrada conciencia afectiva de la madre al hijo y del hijo a la madre y así vivir los más hermosos momentos de calma, casi paradisíacos, aislándose del torbellino del mundo actual.

Esta experiencia es irrepetible. Hay mucho tiempo en la vida para realizar mil y una actividades o trabajos, pero los primeros meses de un hijo son únicos, fundamentales para su salud física e incluso para establecer unos sólidos lazos afectivos. Deberían también ser para la madre una temporada de alegría, diversión y plenitud, como premio a su maternidad. Toda la sociedad tiene la obligación moral de colaborar en la consecución de este sueño, que no es una quimera, sino una necesidad para obtener una mejor salud social.

La lactancia materna facilita la recomendable flexibilidad en el horario de las mamadas, sobre todo en los primeros días y meses. Si es el bebé quien fija el ritmo según sus necesidades durante este primer período, casi siempre se obtiene un resultado muy beneficioso. El recién nacido, que es atendido correctamente, no dejándolo llorar en vano, acostumbra a ser luego un niño más tranquilo y que concilia el sueño con más facilidad. Es

habitual que a las pocas semanas regularice un horario muy correcto de mamadas y de descanso.

¡Hay que enseñar a ser felices a nuestros hijos y no favorecer que aprendan a llorar!

La leche materna se puede congelar y así conservarla para facilitar las tomas incluso en un período de posteriores meses. En la actualidad las madres pueden tener amplia información personalizada a través del farmacéutico de su pueblo o barrio que puede ofrecerle todo el método para aprovechar al máximo esta técnica de conservación.

La madre también obtiene grandes beneficios de la lactancia natural. Al dar el pecho a su hijo está favoreciendo la rápida recuperación de la matriz (después de la importante dilatación sufrida durante el embarazo), a la vez que supone una prevención y un factor de protección del cáncer de mama. Resulta la alimentación infantil más económica y, sobre todo, ¡una gran satisfacción personal!

LOS PRIMEROS MESES DE UN HIJO SON ÚNICOS, FUNDAMENTALES PARA SU SALUD FÍSICA E INCLUSO PARA ESTABLECER UNOS SÓLIDOS LAZOS AFECTIVOS

La naturaleza tiene sus propios equilibrios de seguridad y el aumento de grasa corporal que se produce con facilidad durante el embarazo es uno de ellos. El aumento de cuatro kilos supone una reserva energética de alrededor de 35.000 kilocalorías, suficientes para mantener la lactancia durante cuatro meses con una tasa de 300 kilocalorías diarias. Sin embargo, la práctica ha demostrado que, para conseguir una óptima secreción láctea, es conveniente una alimentación enriquecida que irá en beneficio de la madre y del hijo. El cual no lactaría sólo a expensas de las calorías extraídas de la grasa superflua, sino también de constituyentes básicos del organismo materno.

UNA ANTIGUA COSTUMBRE EN LOS PAÍSES MEDITERRÁNEOS ES DAR UN SUPLEMENTO DE ALMENDRAS A LA MADRE LACTANTE

Necesidad de líquido

Es fundamental aumentar la cantidad de líquido diario, el ideal es hacerlo con bebidas nutritivas como: leche, bebidas de almendras o de soja, y horchata de chufa, por ser alimentos ricos en calcio y proteínas, que por sí solos cubren las necesidades suplementarias que se recomiendan.

Una antigua costumbre en los países mediterráneos es dar un suplemento de almendras a la madre lactante, preparando con ellas las excelentes y popularmente llamadas "leches de almendras", que tienen un gran valor nutritivo y claras propiedades galactogogas o estimuladoras de la secreción láctea.

También son aconsejables los zumos de frutas e infusiones de comino, anís verde y anís estrellado. Estas hierbas, de agradables aromas anisados, se utilizan para incrementar la lactación, incluso se emplean en veterinaria. El anís se cultiva en grandes cantidades en Europa, especialmente en la zona mediterránea y también en América, recomendándose siempre que lo tome la madre, cuando existe diarrea en el lactante.

UNA PAUTA DE ÉXITO ASEGURADO

Otros suplementos alimenticios muy aconsejables para cubrir las necesidades suplementarias en la lactancia y que a la vez favorecen grandemente la secreción láctea son la levadura de cerveza y el polen.

Una excelente práctica dietética consiste en beber inmediatamente antes de las mamadas. La ingestión de líquido provoca, la mayoría de veces, una subida de leche casi inmediata.

Preparar una de las bebidas recomendadas antes de coger al niño para darle el pecho.

Inmediatamente antes o cuando el hijo empieza a mamar: beber y a la vez tomar un pequeño suplemento de levadura de cerveza (una cucharadita de unos 4 gramos de levadura en polvo que se puede disolver en la bebida, o 2 o 3 comprimidos de dicha levadura que se encontrarán con mucha facilidad en tiendas de alimentación o en farmacias) es una pauta que asegura el éxito de una excelente lactancia.

Alimentos que deben evitarse

Hay alimentos que contienen sustancias muy aromáticas, como ocurre con la "esparragina" de los espárragos o la "cinarina" de la alcachofa, que sin ser perjudiciales para el niño, son excretadas por la leche y le confieren un sabor especial que puede provocar rechazo por parte del niño en las tomas posteriores a la ingesta de estos alimentos. Este fenómeno no ocurre siempre así, por lo que no se debe prohibir sistemáticamente la alcachofa, por ejemplo, que es un excelente producto para favorecer la lactancia.

Si el bebé tiene las deposiciones demasiado claras, la madre no debe consumir naranjas ni espinacas. El problema de estreñimiento que puede aparecer con una cierta frecuencia después del parto, se soluciona aumentando la dosis de fibra y el consumo de yogures tipo bífidos, añadiéndoles semillas de lino, esta norma soluciona el problema de la madre y no afecta al hijo, porque todo lo que sea fibra no se asimila y por tanto no puede pasar a la leche.

Existen sustancias que, sin dar ningún sabor detectable en la leche, son excretadas a través de las glándulas mamarias y son muy perjudiciales para el niño. Entre estas sustancias se encuentran la nicotina y la cafeína.

Toda madre lactante debe saber que, cada vez que fume, parte de la nicotina se eliminará de su organismo a través de la leche.

Hay que hacer especial hincapié en la conveniencia de abstenerse, durante la lactancia, de café, té y refrescos de cola, por contener cafeína. El delicado sistema nervioso del recién nacido no puede tolerar bien esta sustancia excitante. Muchas veces por desconocimiento los bebés la reciben a través de la leche de la madre, pudiendo ser una de las causas más importantes de insomnio infantil. El consumo de café descafeinado o bebidas sin cafeína no causarán ningún problema.

nutrientes durante la lactancia

Proteínas

La proteína de los alimentos que consuma la madre se convierte en proteína de la leche, con un rendimiento del 70 por ciento.

Se aconseja aumentar ligeramente el aporte de proteínas con respecto a la dieta del final del embarazo. El consumo de las bebidas recomendadas sería un excelente método de conseguirlo. Aumentar el consumo de pescado será una norma que ayudará a equilibrar la dieta de la madre lactante en muchos nutrientes, empezando por las proteínas.

Grasas o lípidos

El consumo diario de 3 o 4 cucharadas soperas de aceite en las comidas asegurará una correcta dosis de ácidos grasos que permite la elaboración de una óptima leche materna.

Si la madre puede consumir "aceite de oliva virgen", recibirá a través de este extraordinario alimento un sinfín de buenas sustancias que colaborarán de una manera especial a la calidad de la leche, a la vez que el organismo materno se beneficiaría de este consumo continuado.

Sería un excelente regalo para la madre y el hijo ofrecerles este aceite de primera calidad durante la lactancia.

Vitaminas

Las necesidades de vitamina A se disparan durante la lactancia, por lo que se hace indispensable el consumo continuado de: pescados (en especial pescados azules) de productos lácteos con toda su grasa o enriquecidos en dicha vitamina y vegetales o frutas (zanahorias, albaricoques frescos o secos, frutas tropicales...).

La mayor demanda de vitaminas del grupo B se ve ampliamente cubierta si se toma a diario el suplemento recomendado de levadura.

Minerales

Se debe mantener la dosis de 1.200 miligramos de calcio que se consumía al final del embarazo y es muy conveniente seguir con una dieta muy alta en hierro, especialmente los primeros meses para permitir recuperar la pérdida que se ha podido ocasionar en el parto. El magnesio es un mineral que se debe

AUMENTAR EL CONSUMO DE PESCADO SERÁ UNA NORMA QUE AYUDARÁ A EQUILIBRAR LA DIETA DE LA MADRE LACTANTE EN MUCHOS NUTRIENTES, EMPEZANDO POR LAS PROTEÍNAS

aumentar durante la lactancia, sus requerimientos se elevan por encima de los del embarazo. El consumo de frutos secos y bebidas de soja y de almendras son un excelente suplemento natural.

Mención especial merece el YODO. Del buen aporte de yodo en la dieta materna depende la riqueza que de este imprescindible elemento tenga la leche.

En los primeros meses de vida hay un gran desarrollo del cerebro, con un importante aumento de masa cerebral. El yodo es la sustancia básica que evita el cretinismo y asegura una óptima maduración intelectual y neuromotora.

Con una dieta materna rica en productos del mar: pescados, mariscos y algas se puede conseguir la mejor leche enriquecida en yodo.

LOS MENÚS PARA LA LACTANCIA SERÁN COMO LOS DEL FINAL DEL EMBARAZO, la madre ya está acostumbrada a ellos y le resultará muy sencillo seguir con los hábitos ya aprendidos.

Durante la lactancia, no es aconsejable hacer una dieta de adelgazamiento. Los menús propuestos no facilitan el aumento de peso, practicarlos será un buen método para poder alargar la lactancia con óptimos resultados y sin ganar kilos.

Al finalizar esta hermosa y feliz experiencia es cuando la madre, si necesita perder peso, debe proponerse una buena dieta sin dejar pasar meses. El cambio hormonal que se produce al dejar la lactancia sitúa a la mujer en una de las mejores condiciones para adelgazar, por ello la dieta será muy efectiva.

Puede utilizar la propuesta de dieta de adelgazamiento del capítulo: "Preparación para el embarazo", por ser una dieta muy nutritiva que asegurará una recuperación total de sus reservas y permitiría empezar una próxima gestación en las mejores condiciones.

Las últimas líneas de este capítulo son para animar y felicitar a todas las madres (y también a sus parejas) que optan por la lactancia materna.

¡Vale la pena intentarlo! Como todas las vivencias importantes de la vida se justifican tan sólo por un breve período de tiempo.

No hay que temer a la gran dependencia que tiene el niño de

la madre cuando está lactando, es un médoto cómodo, saludable y económico.

El tiempo que se dedica al hijo se ve ampliamente recompensado porque los niños criados a pecho tienen menos posibilidades de contraer un importante número de enfermedades, desde las infeciones hasta las alergias incluyendo los desequilibrios nerviosos, ya que el mejor sistema de relajación para el bebé es mamar del pecho de su madre. Por todo ello la Organización Mundial de la Salud, en la actualidad, procura por todos los medios que se reimplante la lactancia materna durante un período mínimo de 6 meses.

EL MEJOR SISTEMA DE RELAJACIÓN PARA EL BEBÉ ES MAMAR DEL PECHO DE SU MADRE

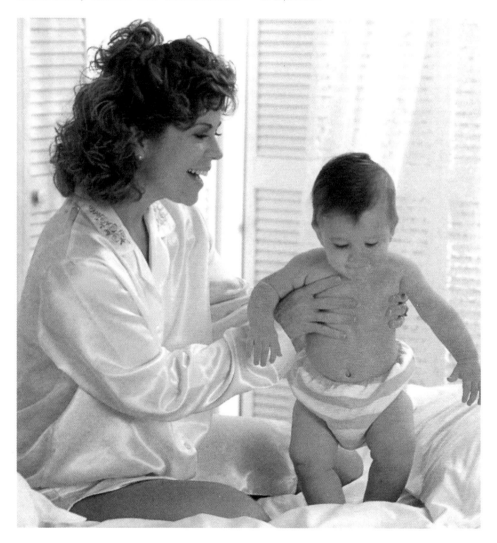

la premenopausia

la premenopausia

Llega un momento en la vida de toda mujer en que ella siente que algo está cambiando y... aparentemente todo sigue igual.

Una vez más la naturaleza habla su idioma. La intuición y sabiduría femenina lo capta y entiende. Es muy fácil que incluso le nieguen lo que para ella son evidencias y realidades.

Por contemplar el cuerpo humano de una manera muy fraccionada y basarse sólo en unos parámetros determinados, sin tener en cuenta todo el conjunto, se puede simplificar o a veces dar explicaciones que no tienen todo el rigor científico y no se ajustan a los hechos constatados.

Muchas mujeres notan que sus reglas han cambiado, aunque los análisis hormonales no indiquen ninguna alteración. Una mayoría absoluta de mujeres comprueba cómo engordan con mayor facilidad y los trucos o pautas dietéticas que hasta ahora les habían servido para controlar o perder peso ya no son eficaces.

Esto es una realidad y no se puede simplificar ofensivamente acusando de comer más cantidad y de una manera más caprichosa.

Ocurre, más bien, todo lo contrario. Al aumentar de peso, se van suprimiendo alimentos o cambiando a hábitos más restrictivos. Este hecho se comprueba en gran parte de entrevistas dietéticas a mujeres de una mediana edad.

El resultado de esta disminución en la ingesta total y por tanto de calorías provoca una adaptación del organismo para sobrevivir con un menor aporte calórico. Es decir, se acostumbra a un determinado ingreso diario y ello conlleva que, el día en que las comidas sean más abundantes, el cuerpo aproveche para hacer reservas y engorde con facilidad.

El concepto dietético de adaptación a las calorías aportadas por la dieta habitual, conocido como "consumo de lujo", se conoce desde 1902 gracias a las comprobaciones de Neuman.

Al ir reduciendo las comidas diarias disminuye el número de calorías y a la vez de nutrientes, por lo que este tipo de práctica

LLEGA UN MOMENTO EN LA VIDA DE TODA MUJER EN QUE ELLA SIENTE QUE ALGO ESTÁ CAMBIANDO Y... APARENTEMENTE TODO SIGUE IGUAL

dietética restrictiva supone la desnutrición en sustancias vitales imprescindibles. Es en definitiva el empobrecimiento del organismo que, a corto plazo, provoca un envejecimiento.

Ha llegado el momento de adquirir varios, nuevos y saludables hábitos alimenticios para controlar el aumento de peso, mantener la juventud y prevenir enfermedades.

Realmente aún no se está en la menopausia y por ello el organismo de la mujer favorece la acumulación de muchas reservas, por ejemplo, de calcio, la regeneración de tejidos y la limpieza y conservación del aparato cardiovascular.

Por todo ello hay que saber aprovechar estos años y darle gracias a la naturaleza de sus sutiles pero verídicos avisos.

Felizmente se ha llegado a una media edad, porque lo importante en esta vida es llegar. La plenitud y belleza de esta edad es tan indiscutible que basta contemplar e incluso comparar la hermosura de tantas y tantas personas.

Un dicho popular dice que "a partir de los cuarenta años cada uno tiene la cara que se merece". En nuestras manos y en nuestra voluntad está la posibilidad de conseguir y merecer lo mejor. Una vez más en la vida, la alimentación será una ayuda importante.

Estos años de la premenopausia serán fundamentales para la calidad del resto de la vida. Se han ido revisando las necesidades nutricionales y se están dando nuevas recomendaciones que permitan mantener el estado de salud y plenitud.

nutrientes

Grasas

Nunca se debe abusar de las grasas, pero en esta época no se debe hacer una dieta bajísima en grasa. Los buenos aceites vegetales, los pescados, especialmente azules, los frutos secos y las legumbres serán fuentes de los imprescindibles ácidos grasos que mantendrán joven la piel y protegerán todo el organismo.

Calcio

Las últimas recomendaciones internacionales aseguran que las mujeres a partir de los cuarenta años (y los hombres a partir de los sesenta) deben aumentar su ingesta de calcio a 1.200 miligramos al día.

Hacer una dieta alta en calcio, ayudándose de las vitaminas A y D y del ejercicio, durante los años anteriores a la menopausia, permite mineralizar los huesos, haciendo una importante reserva que sitúa a la mujer en una condición de seguridad y de protección contra la osteoporosis.

Por desgracia son muchas las mujeres que al comienzo de la menopausia ya están en un nivel de riesgo y de descalcificación importante, porque no se han tenido las medidas previsoras necesarias.

El consumo de alimentos enriquecidos en calcio será de gran ayuda para alcanzar la dosis necesaria sin tener que aumentar las calorías de la dieta: 3 yogures enriquecidos aportan 750 miligramos de calcio y tan sólo unas 155 kilocalorías si además son desnatados.

Hierro

Hay que seguir tomando alimentos ricos en hierro y asegurar los 18 miligramos diarios, porque son frecuentes reglas más abundantes en una gran parte de mujeres. En ocasiones la dosis de hierro hay que aumentarla para equilibrar las pérdidas o llegar a tomar suplementos.

Selenio

Este oligoelemento está implicado en la protección celular y las sustancias orgánicas que controlan y evitan el envejecimiento.

Con el paso de los años el organismo puede bajar su contenido

LAS MUJERES A PARTIR DE LOS CUARENTA AÑOS (Y LOS HOMBRES A PARTIR DE LOS SESENTA) DEBEN AUMENTAR SU INGESTA DE CALCIO A 1.200 MILIGRAMOS AL DÍA

en minerales y oligoelementos. Como si de un trozo de tierra se tratase es aconsejable abonarlo para mantener su equilibrio y plenitud.

Una dieta rica en selenio será una pauta antienvejecimiento que beneficiará profunda y estéticamente a todo el organismo.

Son alimentos ricos en selenio: los mariscos, pescados azules, cereales integrales, ajos, setas, aguacates, nueces del Brasil, anacardos, perejil, pepinos, soja y judías. Se encuentra una cantidad interesante de selenio en: el ginseng, la espirulina, las levaduras y el germen de trigo.

Disminuir la ingesta de sal

La mejor medida preventiva contra la hipertensión consiste en disminuir la sal en la dieta.

Una parte muy importante de la población, en las sociedades económicamente ricas, padecen hipertensión. Esta enfermedad que aparece imprevisiblemente en un momento de la vida, afectando a la mayoría de personas mayores, es la causa principal de muchas complicaciones cardiovasculares.

La sal es la gran fuente de sodio en la dieta. Este mineral es el responsable directo de: retener líquido en el organismo, aumentar la presión sanguínea y por ello, indirectamente, del endurecimiento de las arterias.

Es muy importante acostumbrarse, sobre todo a partir de una mediana edad, a ir disminuyendo progresivamente la sal.

y aceite de borraja de onagra

Aceites ricos en gammalinolénico

La *Oenothera bienis*, una planta cultivada por sus hermosas flores amarillas, originaria de América, donde sus habitantes consumían sus semillas como alimento importante, es en la actualidad la fuente de un aceite rico en el ácido graso "gammalinolénico". Lo mismo ocurre con la planta *Borago officinalis*, la humilde y popular borraja.

Los ácidos grasos son sustancias que permiten la fabricación en el cuerpo de "eicosanoides", compuestos semejantes a las hormonas que controlan la presión y coagulación sanguínea, la vasodilatación, la frecuencia cardíaca, la respuesta de las defensas e incluso la movilización de las grasas.

El ácido gammalinolénico pertenece a la familia omega-6, al igual que el ácido araquidónico que es muy abundante en la mayoría de alimentos, especialmente de origen animal (exceptuando los pescados). Los derivados del ácido araquidónico son los responsables de la formación de coágulos y la vasoconstricción, al contrario de las sustancias que se elaboran a partir del gammalinolénico, cuyos efectos son opuestos y ayudan a mantener un óptimo equilibrio orgánico.

El problema radica en la dificultad que tiene el organismo para fabricar el ácido gammalinolénico (la leche materna que es una fuente extraordinaria de este ácido graso, ya se lo proporciona directamente al recién nacido), más sabiendo que no se encuentra prácticamente en los alimentos.

Son varias las causas que impiden una producción adecuada de gammalinolénico en el cuerpo, como: la carencia de magnesio, de zinc, exposición a radiaciones..., y el mismo proceso de envejecimiento.

Por ello el aceite de estas dos plantas: la Onagra (también conocida por el nombre de Prímula) y la Borraja, se han convertido en un suplemento ideal para asegurar un aporte directo de este ácido graso. Su consumo tiene beneficios internos de cara a la salud y también estéticos en piel, cabellos y uñas. Su presentación comercial es en forma de perlas, que protegen el aceite y facilitan su ingesta. Por ser un aceite vegetal se puede consumir desde 1 gramo diario hasta 10 gramos, sin ninguna contraindicación. Es una extraordinaria fuente de vitamina E.

LA PREMENOPAUSIA # 7 menús

DESAYUNO 1

Leche enriquecida en calcio
Queso con fruta

DESAYUNO 2

Yogur con cereales y almendras
Bebida de soja enriquecida en calcio

DESAYUNO 3

Pan con queso
Zumo de naranja

ALMUERZO

Ensalada con aceitunas
Tortilla de verduras
Yogur

CENA

Puré con queso
Pollo
Fruta

ALMUERZO

Ensalada de arroz
Codornices a la vinagreta
Fruta

CENA

Sopa de pasta
Pescado a la plancha, lechuga
Queso

ALMUERZO

Ensalada con legumbre y palitos de cangrejo
Yogur con almendras

CENA

Consomé con queso, pollo y pasta
Fruta

ALMUERZO

Ensalada con sardinas
Puré de legumbre
Yogur

CENA

Sopa de arroz y pescado
Yogur con fruta

ALMUERZO

Endibias
Pasta con calamares
Fruta

CENA

Verdura con patatas
Huevos al plato
Yogur

ALMUERZO

Espárragos
Patatas con almejas
Fruta

CENA

Pimientos asados
Pescado, lechuga
Queso

ALMUERZO

Revuelto de setas
Carne a la plancha, tomate
Sorbete de limón

CENA

Cogollos con queso y jamón
Yogur con fruta

DIETA DE ADELGAZAMIENTO 7 menús

PARA LA PREMENOPAUSIA
Y LA POSMENOPAUSIA

Es imprescindible tomar 2 o 3 tazas de CALDO VEGETAL CON LIMÓN para que la dieta de adelgazamiento en estas épocas de la vida dé mejor resultado y se evite el típico malestar físico que tantas personas sienten al hacer dieta.

Beber infusiones, especialmente de salvia, será una buena norma.

Un suplemento de FUCUS ayudará a mantener una buena mineralización del organismo, evitar el estreñimiento y favorecer el adelgazamiento.

DESAYUNO 1 y 2

Tomate con atún
Yogur con lecitina

DESAYUNO 3 y 4

Jamón y queso
Zanahoria rallada aliñada
Yogur con lecitina

DESAYUNO 5, 6 y 7

Yogur con fresones o kiwi
Queso fresco con una tostada de pan integral

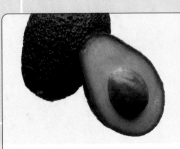

ALMUERZO

Endibias con aguacates
Tortilla de alcachofas
Yogur

CENA

Consomé con queso y pollo
Yogur con almendras
Infusión de salvia

ALMUERZO

Setas salteadas
Conejo plancha
20 almendras

CENA

Ensalada de espinacas con palitos de cangrejo
Pescado a la plancha
Yogur

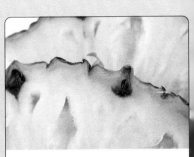

ALMUERZO

Pimientos y berenjenas asadas
Bacalao a la plancha o al horno
Yogur

CENA

Cogollos
Tortilla de espinacas
Piña natural

ALMUERZO

Crema de calabacín con queso
Pescado azul, lechuga
Yogur

CENA

Pescado con ensalada
Yogur con almendras

ALMUERZO

Ensalada de endibias, berros
y atún
Gambas
20 almendras

CENA

Consomé con queso
Pollo a la plancha, lechuga
Yogur

ALMUERZO

Endibias y berenjenas asadas
Calamar o sepia a la plancha
Yogur

CENA

Ensalada con atún y palitos
de cangrejo
Piña natural

ALMUERZO

Espárragos
Carne asada o a la plancha
Fruta

CENA

Yogur con piña natural

la posmenopausia y madurez

La menopausia no es más que un día, el de la última regla en la vida de la mujer. Esta fecha se ha de confirmar durante el período de un año en el que no vuelva a aparecer la menstruación.

Al igual que "la menarca" es la primera regla, "la menopausia" es la última.

A partir de ese día empieza una etapa de posmenopausia, llamada "climaterio".

Si nos remontamos y utilizamos una vez más las raíces de nuestra cultura, encontraremos que esta palabra, "climaterio", de origen griego, significa: "peldaño de una escalera", pero no es uno cualquiera, se refiere al escalón que permite acceder a un nuevo nivel.

En nuestras manos y en nuestra mente está el valorar esta situación alcanzada como positiva o negativa.

Una vez más y de una manera muy directa, el cambio hormonal marca una nueva etapa en la vida de la mujer.

Resulta incongruente, en la actualidad, equiparar menopausia a momento que marca la decadencia, cuando la edad en la que acontece a la mayoría de mujeres, es la de máxima productividad laboral, experiencia profesional y de vida, capacidad de trabajo y organización.

La mujer a esa mediana edad empieza a tener nuevas y variadas responsabilidades. Ella es quien atiende a la generación de sus mayores que lo necesitan. Sigue siendo imprescindible pilar de la economía familiar y vital ayuda para que las nuevas generaciones, a pesar de la lenta incorporación al mundo del trabajo, se abran camino en la sociedad y puedan hacer nuevos planteamientos de vida. Los movimientos de voluntariado están llenos de mujeres de estas edades.

¿Quién se atreve a decir, en la actualidad, que este colectivo femenino no tiene un gran valor social y económico?

Simplemente llegar a la menopausia es subir "ese peldaño" que lleva al estado definitivo y estable de posmenopausia en que vivirá el resto de los días.

La menopausia debe y puede ser un momento de liberación

LA MENOPAUSIA DEBE Y PUEDE SER UN MOMENTO DE LIBERACIÓN

física y mental. Así lo confirman un sinfín de mujeres positivas.

El hecho mismo de haber llegado es de por sí ya un éxito de vida. Mantener una sana actividad, aprovechar todos los adelantos modernos, toda la medicina preventiva, tener constancia en las revisiones médicas y practicar la alimentación adecuada, serán los mejores seguros para vivir con plenitud los futuros años. Falta un último y primordial ingrediente para que este cóctel de métodos resulte un auténtico elixir de juventud: el talante positivo y optimista.

Por desgracia este último producto mágico no se compra ni con dinero ni con modernos métodos, sólo lo puede lograr y alcanzar cada persona con su decisión personal.

Después de las experiencias ya vividas, en esta edad pueden tomarse muchas decisiones, repasar y reajustar la escalera de valores y decidir vivir el presente con firmeza.

Todo lo pasado es inmodificable y es imposible seguir el camino con una mochila llena de recuerdos y penas cuyo peso no le permite avanzar. Llegó el momento de hacer ¡borrón y cuenta nueva!

La naturaleza le dice a la mujer, con su siempre directo lenguaje, "hemos llegado hasta aquí, debemos y podemos seguir".

Para toda mujer el acontecimiento de su menopausia es una ocasión de reflexión y debe hacerla en positivo. También la realidad le da argumentos para hacerlo.

Son numerosas las mujeres de muy avanzada edad que conservan un envidiable estado de salud, y en su tiempo no dispusieron de tantas ayudas como le ofrecen en la actualidad.

La esperanza de vida para la población femenina cada vez es mayor y la juventud que conservan muchas mujeres que ya han superado los cincuenta y sesenta años puede servir de ejemplo, modelo y ánimo para enfocar cada día con más optimismo la etapa de la posmenopausia.

de la posmenopausia

Con la excepción de casos accidentales en los que debido a un problema de salud se ha provocado la menopausia precozmente, ésta siempre llega en el momento destinado desde el nacimiento. Cada mujer nace con un número determinado de óvulos que van madurando a lo largo de su vida adulta hasta que se agotan y entonces sobreviene la menopausia.

Hay que aceptarlo como el hecho natural que es y disponerse a cuidar al organismo con el máximo esmero, para que pueda adaptarse a la nueva situación hormonal que conlleva una serie de cambios corporales.

La tendencia a engordar se agudiza y hay que prestar una especial atención durante los primeros cinco años posmenopáusicos con el fin de controlar el peso y no permitir que los kilos de más se conviertan en la causa directa de futuras enfermedades como la diabetes, problemas vasculares, circulatorios y articulares, mayor tendencia a la hipertensión y una larga lista más.

Hay que ser optimistas y observar a las personas de edad más avanzada en las que se da un mantenimiento del peso. Ésta es la realidad, el período en que la mayoría de la población femenina engorda, dura unos 5 o 10 años después de la menopausia, para luego entrar en una estabilidad, lo interesante es sobrepasar esos años críticos sin aumentar el peso corporal. Para conseguirlo se necesitará mucha constancia y fuerza de voluntad, pero la recompensa y el seguro de salud que ello conlleva vale todos los esfuerzos.

La distribución de la grasa corporal se modifica, la mujer pierde cintura y acumula grasa en el abdomen. La dieta y el ejercicio serán las auténticas soluciones para impedirlo.

También las buenas pautas nutricionales colaboran al control de la tendencia a una mayor sequedad en piel, cabello, uñas y mucosas y sobre todo velar por la fortaleza y salud de los huesos que entran en un período de crítico mantenimiento.

HAY QUE ACEPTARLO COMO EL HECHO NATURAL QUE ES Y DISPONERSE A CUIDAR AL ORGANISMO CON EL MÁXIMO ESMERO

Existen dos grandes ayudas dietéticas para dominar las molestas sofocaciones. La primera consiste en controlar el peso. Si sobran unos kilos, decidirse a emprender la dieta adecuada que los elimine. Con el adelgazamiento, se nota importante mejoría y disminución de las sofocaciones en la mayoría de las mujeres.

La segunda ayuda está en una planta: LA SALVIA, esta vieja amiga en la vida de la mujer prestará ahora sus mejores servicios.

Tomando litro o litro y medio de infusión diaria o su equivalente en comprimidos o cápsulas, que serían unos 8 o 12 diarios repartidos a lo largo del día, se obtiene: importante reducción de las sofocaciones, beneficio notable en la circulación periférica, y un potente efecto diurético.

LA SALVIA, ESTA VIEJA AMIGA EN LA VIDA DE LA MUJER, PRESTARÁ AHORA SUS MEJORES SERVICIOS

nutrientes

La mujer, durante el resto de su vida, deberá hacer especial atención al contenido de unos cuantos nutrientes en su dieta habitual con el fin de evitar la mayoría de enfermedades que aumentan con la edad, mantener un buen grado de vitalidad y realizar con ello la mejor terapia contra el envejecimiento físico y mental.

Agua

Es la sustancia imprescindible para la vida y para evitar el envejecimiento.

Son muchas las personas mayores que no llegan a beber la cantidad de líquido necesario, la causa principal es la falta de sed.

Es un hecho, que provoca el paso de los años, no sentir necesidad de líquido. Por ello es necesario hacer un propósito de controlar conscientemente las bebidas que se toman cada día y no dejarlo al instinto o a la demanda del organismo.

Contemplar una tierra sin agua bastará para comprender lo que puede ocurrir en los tejidos del cuerpo si no se hidratan correctamente.

La persona que asegura diariamente un litro y medio de bebidas está haciendo una de las mejores pautas para mantener la juventud orgánica.

Proteínas

Los gustos femeninos tienden a no abusar de los alimentos proteicos y con la edad se va disminuyendo más su consumo, por lo que es fácil caer en una desnutrición proteica que acelera el proceso de envejecimiento.

UNA DESNUTRICIÓN PROTEICA QUE ACELERA EL PROCESO DE ENVEJECIMIENTO

La solución está en repartir, a lo largo del día, pequeñas cantidades de alta concentración en proteína: carnes, jamón, pescados, queso, levaduras...

Grasas

A medida que avanzan los años hay que prestar especial control

a los alimentos ricos en colesterol. A partir de la menopausia aumenta el riesgo de enfermedades cardiovasculares.

Las hormonas, que a lo largo de la vida de la mujer, han ejercido una protección de dichas enfermedades, disminuyen y condicionan una nueva situación no tan favorable.

> **Los alimentos especialmente ricos en colesterol son:**
>
> • **Las vísceras de todos los animales: sesos, hígados, riñones...**
>
> • **Huevos**
>
> • **Embutidos, patés**
>
> • **Grasas de origen animal y todos los productos ela borados con ellas: bollería, galletas...**

PRACTICAR LA DIETA DE ADELGAZAMIENTO QUE SE RECOMIENDA PARA ESTA ETAPA DE LA VIDA, PUEDE ELIMINAR O DISMINUIR CONSIDERABLEMENTE EL RIESGO A PADECER UNA DIABETES

El colesterol es una grasa exclusiva del mundo animal, por ello ningún producto vegetal tiene colesterol. El organismo humano sí tiene capacidad de fabricar colesterol y una dieta alta en grasas y azúcares de absorción rápida puede facilitar su elevación, por lo que debe moderarse su consumo.

Una dieta alta en fibra servirá de ayuda en la lucha contra el exceso de colesterol.

Los aceites vegetales, en especial el de oliva, son necesarios y aconsejables como alimentos que evitan la deshidratación de la piel, mantienen la juventud de los tejidos y colaboran a controlar el colesterol.

Hidratos de carbono

La intolerancia a la glucosa, que ya pudo comenzar en los años premenopáusicos, se agudiza en gran parte de mujeres de avanzada edad. La mayor incidencia de diabetes es importante en las sociedades desarrolladas. La mejor prevención contra esta enfermedad, (diabetes tipo II), se encuentra en la dieta y en el control de peso.

Al primer indicio analítico de subida de glucosa, practicar la dieta de adelgazamiento que se recomienda para esta etapa de la vida puede eliminar o disminuir considerablemente el riesgo a padecer una diabetes.

Una dieta muy equilibrada, sin abusar de las

grasas ni de los hidratos de carbono de absorción rápida: azúcares, frutas y leche, será un seguro contra esta enfermedad a la vez que previene y controla el exceso de triglicéridos.

Vitaminas antienvejecimiento

La vitamina A y los carotenos, la vitamina C y la E son las vitaminas que más previenen los procesos de envejecimiento celular.

Es vital que la dieta diaria aporte estas vitaminas en cantidades suficientes para hacer una prevención real del deterioro orgánico.

La capacidad de vida del ser humano es muy larga pero depende de muchos factores, entre ellos del proceso de envejecimiento de cada una de sus células.

Alargar la vida de cada célula es alargar la vida del organismo.

La célula, protegida por una buena dosis de estas vitaminas antioxidantes, está en las mejores condiciones para cumplir todas sus funciones, agotar sus posibilidades de vida y reproducirse correctamente.

Con la edad es frecuente, en las mujeres, que aumente la sequedad de mucosas: de boca, ojos, vagina. Una dieta alta en estas vitaminas es imprescindible para corregir esta tendencia. Un suplemento de aceites de Onagra y Borraja colabora a eliminar el problema.

Minerales

Un huerto empobrecido en minerales es un terreno que no puede dar una buena producción, de ahí la necesidad de abonarlo.

Lo mismo ocurre en el organismo humano, con el paso del tiempo, las grandes reservas que se hicieron en la época de crecimiento han ido disminuyendo. La alimentación tiene la misión de reponer y llenar depósitos para que todas las reacciones vitales se den en idóneas condiciones y a la velocidad adecuada.

Son muchos, por no decir todos, los minerales y oligoelementos que debe aportar la dieta en cantidades más importantes a medida que avanza la vida.

Buenas dosis de hierro, zinc y selenio deben estar presentes en las comidas diarias. El yodo es imprescindible para el equilibrio hormonal y así una larga lista. Un mineral a destacar es el "cromo", necesario para el metabolismo de la glucosa. Recuperar un nivel correcto de cromo facilita la formación por parte del organismo del "factor de tolerancia a la glucosa", previene y

LA VITAMINA A Y LOS CAROTENOS, LA VITAMINA C Y LA E SON LAS VITAMINAS QUE MÁS PREVIENEN LOS PROCESOS DE ENVEJECIMIENTO CELULAR

equilibra la diabetes y mejora la respuesta orgánica a las dietas de adelgazamiento.

Hay alimentos especialmente ricos en este mineral y en la mayoría de oligoelementos, como es el ginseng, la espirulina y la levadura que resultan suplementos ideales para abonar el cuerpo durante una temporada.

Entre los productos más habituales de la dieta se encuentra cromo en cantidades importantes en: mariscos, cereales integrales, quesos, carnes (especialmente de aves y cerdo), dátiles, frutos secos, patatas y té.

El refinado de los cereales y del azucar hace perder todo el contenido en cromo.

lecitina

Las lecitinas son unas sustancias que pertenecen al grupo de las grasas, pero su principal virtud es ser un emulsionante de las mismas. Su papel es semejante al del jabón, siendo capaz de fraccionar las grasas en pequeñísimas partículas. Las lecitinas son fosfolípidos que facilitan la digestión, intervienen en el transporte de las grasas por la sangre y forman parte de la membrana de todas las células.

Las legumbres son unos de los alimentos más ricos en lecitinas y es de una de ellas, la soja, que se obtiene industrialmente gran cantidad de "lecitina de soja", que se utiliza en la industria alimentaria para fabricar muchos productos, como los chocolates, y se comercializa como suplemento dietético.

La lecitina es necesaria para que el organismo fabrique el llamado colesterol bueno (lipoproteína HDL); una dieta alta en fosfolípidos o lecitinas ayuda a subir esta fracción cardioprotectora y a rebajar las fracciones de colesterol peligrosas para la salud.

Gracias al gran contenido de fosfatidilcolina presente en la lecitina de soja ejerce una acción potenciadora de la memoria y la actividad mental.

Por todo ello un suplemento de lecitina de soja diario, tomando una cucharada de granulado, que es su presentación más habitual en las comidas principales, colaborará a controlar la tasa de colesterol, beneficiará la tersura de la piel y será un alimento ideal para el cerebro.

la osteoporosis

evitar la

Esta enfermedad, que se vislumbra como una epidemia del nuevo siglo, debe empezar a evitarse en la época de crecimiento.

La nutrición es la fundamental medida preventiva de la salud del hueso. Si no se logra una buena masa ósea en la juventud, la posibilidad de terminar la vida con osteoporosis está prácticamente asegurada.

De todas las enfermedades de los huesos, la osteoporosis es la más frecuente y destructiva de la calidad de vida y de la independencia personal.

Consiste en la pérdida de masa ósea hasta el punto que el hueso resulta tan frágil que se fractura por sí solo.

En la actualidad se dispone del moderno diagnóstico, la "densitometría ósea", para poder medir el estado de conservación y salud del hueso y así programar las medidas correctoras posibles; lo interesante es hacerlo a tiempo.

La masa ósea va disminuyendo con el paso de los años en ambos sexos y la pérdida se acelera mucho, en las mujeres,

a partir de la menopausia debido a la disminución hormonal.

Todas las personas acaban sus días con menos cantidad de densidad ósea que en la juventud, pero no constituye un problema si la pérdida no es muy importante y por tanto no llega a tener consecuencias para la salud.

Existen una serie de factores de riesgo que facilitan la osteoporosis, como son entre otros: la edad, la raza (la asiática y la blanca son las más afectadas), el sexo, antecedentes familiares, nuliparidad, consumo de alcohol y tabaco, poco ejercicio físico, consumo de determinados medicamentos, incidencia de algunas enfermedades y sobre todo la baja ingesta de calcio a lo largo de toda la vida.

Entre los factores dietéticos a tener en cuenta para evitar, controlar e incluso mejorar el grado de osteoporosis están la ingesta de proteína, fósforo, vitamina D, sodio, otros minerales y cafeína.

La alimentación constituye el aporte de materiales para la formación y regeneración del hueso. Aunque la mujer, después

LA NUTRICIÓN ES LA FUNDAMENTAL MEDIDA PREVENTIVA DE LA SALUD DEL HUESO

de la menopausia, se encuentre en un estado hormonal que no favorece la conservación ósea, siempre, unas buenas medidas dietéticas serán básicas y de gran ayuda para contrarrestar al máximo ese estado de dificultad. Las hormonas son como los pintores que deben realizar el trabajo, los nutrientes son la pintura que se debe aplicar, ambos son necesarios, pero sin materia prima no se puede trabajar.

necesidades

Calcio

Aunque el calcio es el constituyente esencial del hueso, también hay otros minerales implicados en su buena formación y mantenimiento: cobre, manganeso, zinc, boro, silicio y flúor, una dieta muy variada es el mejor seguro del aporte adecuado de todos ellos.

Las necesidades de calcio se mantienen para el resto de la vida en 1.200 miligramos al día.

La larga esperanza de vida y la amenaza de osteoporosis para gran parte de la población, hacen urgente una buena educación nutricional que permita conseguir una ingesta adecuada de este mineral.

La oferta de alimentos enriquecidos en calcio facilitan este objetivo y permiten establecer dietas de seguridad.

• Un litro de leche normal aporta 1.200 miligramos de calcio. No importa que esta leche sea entera, semi o desnatada, la dosis de calcio siempre es la misma por litro, al igual que el contenido de azúcar (lactosa) que es de 50 gramos por litro.

• Un litro de leche enriquecida aporta 1.600 miligramos de calcio. Los otros contenidos serán igual que en la leche normal.

• **4 yogures normales aportan alrededor de 600 miligramos de calcio.**

• **4 yogures enriquecidos contienen 1.000 miligramos de calcio.**

• **El queso tiene una gran concentración de calcio y su consumo habitual permite llegar a los niveles necesarios. Mezclar porciones de queso en las comidas es una estrategia excelente para conseguir una buena ingesta de calcio incluso para personas muy mayores, personas inapetentes o enfermos.**

• **Las bebidas de soja, excelentes productos y sustitutos de la leche para personas que no toleren los lácteos, también se encuentran en el mercado enriquecidas en calcio. Son muy recomendables para la etapa posmenopáusica.**

Vitamina D

Es importante ingerir cantidades suficientes de vitamina D que permitan el correcto metabolismo del calcio.

El aporte de esta vitamina debería hacerse a través de los alimentos, así evitaríamos hacer excesos que no serían beneficiosos.

Las fuentes naturales de vitamina D son principalmente los pescados azules y los productos lácteos enteros. Por ello los productos desnatados se están enriqueciendo con vitamina D para que vuelvan a tener la dosis que poseían antes de desnatarlos.

Proteínas

Las proteínas deben estar en la justa medida. Una dieta baja en ellas provoca deterioro del hueso y un exceso aumenta la eliminación y pérdida de calcio por el riñón.

El exceso de fósforo también tiene un efecto negativo sobre la fijación de calcio en los huesos.

La combinación de cada menú tiene gran importancia en el mantenimiento óseo, por ejemplo consumir en la misma comida legumbres o cereales y carne, (dos alimentos ricos en proteína y pobres en calcio) y no equilibrar con otros alimentos ricos en calcio resultará una mala mezcla alimenticia para los huesos.

LAS FUENTES NATURALES DE VITAMINA D SON PRINCIPALMENTE LOS PESCADOS AZULES Y LOS PRODUCTOS LÁCTEOS

Dietéticamente se debe evitar el consumo alto de alcohol por el efecto tóxico que tiene esta sustancia sobre las células óseas relacionadas con la formación del hueso (osteoblastos). Lo mismo ocurre con el tabaco.

Últimos estudios parecen demostrar que "la cafeína", sustancia presente principalmente en el café y en las bebidas de cola, es un factor de riesgo potenciador de osteoporosis en personas que no han ingerido la suficiente cantidad de calcio a lo largo de su vida. Un consumo moderado de esta sustancia en dietas con dosis suficientes de calcio no parece tener ningún efecto negativo sobre la salud ósea.

También se debe evitar "el exceso" de fibra dietética y toda sustancia laxante que dificulte la buena absorción del calcio.

Un factor fundamental, aunque no dietético, es evitar la vida sedentaria.

UN FACTOR FUNDAMENTAL, AUNQUE NO DIETÉTICO, ES EVITAR LA VIDA SEDENTARIA

Productos lácteos enriquecidos con calcio.

Bebidas de soja enriquecidas con calcio.

Todos los alimentos con mayor contenido de calcio que de fósforo.

Con ellos se establecen menús que facilitan la recalcificación de los huesos.

aceite de hígado de

Este antiguo alimento es la fuente natural más rica de vitamina A y D. Como todo aceite de pescado, es altamente insaturado y por ello se enrancia fácilmente. Muchas personas mayores lo recuerdan con desagrado por haberlo consumido en su infancia. En la actualidad se presenta protegido por perlas de gelatina que evitan su deterioro y facilitan la administración.

Estas pequeñas perlas permiten añadir a cada toma de comida una dosis de estas imprescindibles vitaminas, que colaboran y facilitan de una manera especialísima a la absorción y fijación del calcio y a la salud ósea.

Uno de los grandes problemas que aparece con la edad es la disminución de la capacidad de absorción del calcio.

De 2 a 6 perlas al día serán una gran ayuda en la lucha contra la osteoporosis y no presentan contraindicaciones. Se trata de un alimento y como tal no puede provocar sobredosis vitamínica. En los alimentos naturales están las vitaminas en niveles que nunca llegan a causar un exceso.

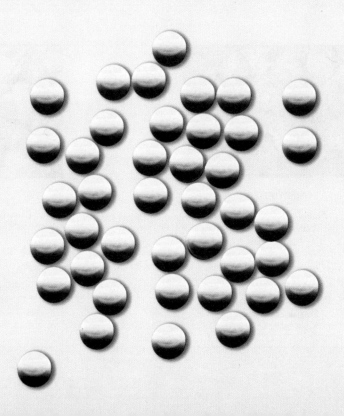

7 menús

Esta dieta es un ejemplo de buena alimentación para potenciar la recuperación de la masa ósea y así luchar contra el avance de la osteoporosis.

Son muchos los estudios mundiales que demuestran cómo una dieta que tenga en cuenta todos los factores favorecedores de la formación del hueso, puede recalcificar incluso a personas de edad muy avanzada.

DESAYUNO 1

Leche enriquecida en calcio
Tostadas con queso y membrillo

DESAYUNO 2

Yogur con higos secos
Queso y jamón

ALMUERZO

Puerros gratinados
Tortilla de patata
Naranja o cítricos

CENA

Crema de calabacín o calabaza con queso
Lechuga con sardinas
Higos secos

ALMUERZO

Ensalada con queso
Arroz con conejo
Almendras

CENA

Consomé con queso
Pescado azul, lechuga
Yogur con fresas

ALMUERZO

Ensalada con legumbres
Calamares
Yogur

CENA

Consomé con queso
Tortilla de berenjenas
Piña

ALMUERZO

Alcachofas con almejas
Pollo, zanahoria rallada
Cuajada

CENA

Crema de calabacín o calabaza
con queso
Pescado azul

ALMUERZO

Licuado de vegetales
Guisantes con sepia
Queso fresco

CENA

Verdura gratinada
Bacalao
Piña

ALMUERZO

Verduras hervidas o asadas
Pescado azul
Naranja

CENA

Ensalada con queso
Yogur con fruta seca dulce

ALMUERZO

Pasta gratinada
Gambas, zanahoria rallada
Almendras

CENA

Yogur con frutas y almendras

las abuelas

Los modernos estudios de antropología explican porqué la mujer vive tantos años sin capacidad de reproducción. Esto en la naturaleza constituye una rarísima excepción y en este planeta ningún ser vive sin un provecho directo para su especie, ésta es una de las principales leyes de la evolución.

La explicación se encuentra en que las sociedades, donde las mujeres mayores tienen una larga vida, se desarrollan mejor.

Las familias sobreviven y evolucionan más favorablemente gracias a la labor de las abuelas de dedicación, cuidado y atención a la alimentación de su grupo y de retransmisión de conocimientos.

Son las grandes cuidadoras y educadoras.

Si la mujer conserva a lo largo de su vida la salud y plenitud mental, podremos tener un mundo más evolucionado y equilibrado.

Llegar a ser una mujer sabia es una importante y feliz meta final.

indice de menús

índice de menús

notas

notas

notas

notas

notas

notas